**EDAF**
MADRID

# LA ESENCIA DEL CORÁN

## El corazón del Islam

EDAF

# LA ESENCIA DEL CORÁN

## CORÁN

### El corazón del islam

ARCA DE SABIDURÍA

Título original inglés:
THE ESSENTIAL KORAN: THE HEART OF ISLAM

Traducido por:
ALFONSO COLODRÓN

Director de la colección:
SEBASTIÁN VÁZQUEZ JIMÉNEZ

© 1993. By Thomas Cleary.
© 1994. De la traducción, Editorial EDAF, S. A.
© 1994. Editorial EDAF, S. A. Jorge Juan, 30. Madrid.
   Para la edición en español por acuerdo con HARPER SAN FRANCISCO,
   a Division of HarperCollins Publishers, Inc.

Depósito Legal: M. 32.387-1994
I.S.B.N.: 84-7640-872-2

PRINTED IN SPAIN                           IMPRESO EN ESPAÑA
Imprime Cofás, S.A. Polígono Industrial Calfersa. Fuenlabrada

# Índice

# Breves anotaciones sobre
# la versión castellana

El Corán es, en principio, intraducible, ya que, en su origen, fue formulado en un riquísimo árabe que nadie habla hoy día, cargado de simbolismos y metáforas. Por eso, los creyentes lo recitan tal como fue transmitido, con independencia de su nacionalidad y lengua materna.

Sin embargo, la mayoría de los teólogos musulmanes admiten que es lícita su traducción a otras lenguas, aunque sólo para acercarse a las ideas que contiene.

En esta versión al castellano se ha intentado en todo momento guardar una doble fidelidad: a la la versión inglesa de Thomas Cleary, hecha con gran respeto y elegancia, y al texto original, deducido del cotejo de las principales versiones reconocidas que existen hoy día en castellano, a través de sus coincidencias y diferencias.

Hemos consultado las traducciones completas de Rafael Cansinos Assens (Ed. Aguilar, Madrid, 1951 y 1973) —la primera edición en castellano del siglo XX, que pone un gran énfasis en la literalidad lingüística—, Julio Cortés (Editora Nacional, Madrid, 1980) —una de las más reconocidas—, Juan Vernet (Plaza y Janés, Barcelona 1980) —llena de interpolaciones en cursiva para facilitar la lectura en castellano—, Joaquín Gar-

*cía Bravo (Edicomunicación, Barcelona, 1991) —que contiene extensas notas interpretativas— y Abboud y Castellanos (Centro Islámico de Venezuela, Valencia, sin fecha) —que contiene una copiosa información para los creyentes.*

*Los títulos de algunos suras pueden extrañar a quienes se hallen familiarizados con el Corán, pero quedan explicados en notas a pie de página o en las notas finales de Thomas Cleary.*

*En esta versión al castellano, hemos restituido el nombre original de Mohamed (mu hammad) «el hombre digno de alabanza», o «el ungido», evitando el de Mahoma, procedente de un galicismo medieval despectivo hacia el Profeta. Mohamed es más fiel, tanto a la transcripción inglesa Muhammad, como al árabe original.*

*Por primera vez, tiene el lector de lengua castellana un extracto del Corán, de fácil lectura, enriquecido con las notas finales de Cleary aplicadas al mundo actual desde la perspectiva globalizante de la filosofía perenne.*

*Agradecemos la revisión de esta traducción al castellano a Abu Bakr, musulmán español practicante y gran conocedor del Corán.*

ALFONSO COLODRÓN

# Introducción

El Corán es universalmente conocido como el libro sagrado del islam, la religión de la sumisión a la voluntad de Dios. Los capítulos y los versículos de este volumen de extractos del Qur'an (la transcripción fonética más exacta del libro tradicionalmente conocido en castellano como el Corán*) han sido seleccionados para formar una serie de lecturas y recitados con la intención de introducir al lector no musulmán a la sabiduría, belleza y majestad esenciales de este libro sagrado.

El Corán es innegablemente un libro de gran importancia, incluso para los no musulmanes, quizá hoy más que nunca, si es que puede decirse esto. Un aspecto del islam que es inesperado, aunque atractivo para el espíritu secular poscristiano, es la interrelación armoniosa entre fe y razón. El islam no exige una creencia no razonada. Más bien invita a una fe inteligente, que se desarrolla a partir de la observación, la reflexión y la contemplación, empezando con la natu-

---

* Para facilitar la lectura, ésta será normalmente la transcripción habitual elegida siempre que el autor ha utilizado la palabra *Qur'an. (N. del T.)*

raleza y con todo lo que nos rodea. En consecuencia, es ajeno al islam el antagonismo entre religión y ciencia, tan familiar para los occidentales.

Esta conexión entre fe y razón permitió a la civilización islámica absorber y vivificar un conocimiento útil, incluido el de los antiguos pueblos, mediante el que más tarde sacaron a Europa de las Edades de las Tinieblas, sentando las bases para el Renacimiento. No obstante, cuando Europa empezó a caminar con sus propios pies culturales y expulsó al islam, el espíritu europeo quedó desgarrado por la incapacidad de la Iglesia cristiana para tolerar la indivisibilidad de lo sagrado y de lo secular que caracterizaba al islam y que había permitido a la civilización islámica desarrollar las ciencias naturales y el arte abstracto, al igual que la filosofía y las ciencias sociales. El resultado fue que se produjo en Europa un divorcio doloroso y desafortunado entre la ciencia y la religión, divorcio cuyas consecuencias han afectado negativamente al mundo entero.

En el Occidente poscristiano, en el que las personas inteligentes, incluyendo una vez más a los mismos científicos, están buscando soluciones a las dificultades creadas por el divorcio cristiano entre la religión y la ciencia, el Corán proporciona una vía para explorar una actitud que abarca plenamente la búsqueda de conocimiento y comprensión que constituye la esencia de la ciencia, mientras que, al mismo tiempo y, sin duda, por las mismas razones, acepta plenamente el temor reverencial, la humildad, la veneración y la conciencia, sin las cuales «la Humanidad va demasiado lejos considerando que puede bastarse a sí misma» (Corán 96:6-7).

Incluso el occidental laico, más allá de cualquier cuestión de creencia o fe religiosa, puede encontrar beneficios inmediatos para leer el Corán. En primer lugar, a la vista del carácter sagrado y la importancia vital del Corán para aproximadamente una quinta parte de la Humanidad, un ciudadano inteligente del mundo apenas puede desarrollar una conciencia social racional y madura sin considerar el mensaje del Corán y su significado para la comunidad musulmana.

Con la caída del comunismo, se ha hecho evidente de manera concreta que la paz, el orden y la autodeterminación globales de los pueblos no pueden realizarse sin un respeto inteligente por el islam y el derecho inalienable de los musulmanes a vivir su religión. El segundo beneficio inmediato de leer el Corán consiste, por tanto, en que constituye un paso necesario hacia la comprensión y la tolerancia, sin las cuales, de hecho es inconcebible la paz mundial.

Para los no musulmanes, una ventaja especial de leer el Corán consiste en que proporciona un auténtico punto de referencia desde el que examinar los falsos estereotipos del islam a los que los occidentales están habitualmente expuestos. Es esencial una información fundamental para distinguir de una manera razonable entre opiniones y hechos. Este ejercicio puede también posibilitar el pensamiento individual para entender la naturaleza intrínsecamente engañosa del mismo prejuicio y, de esta manera, ser más receptivo en general a toda información y conocimiento de posible utilidad para la Humanidad.

## EL Corán

El nombre Qur'an significa el Recitado o la Lectura. Según la misma palabra, el Qur'an es un Libro revelado en la tradición espiritual de la Tora y del Evangelio transmitidos por Moisés y Jesús. Conectando él mismo y esos distinguidos precursores con manifestaciones incluso más antiguas de la religión original, el Corán presenta su enseñanza como confirmador y clarificador de la verdad contenida en aquellos mensajes.

El Corán es innegablemente único en su tradición y, sin duda alguna, único en la totalidad del contexto de la tradición sagrada clásica de todo el mundo, al haber sido revelado a plena luz de la historia, a través de los oficios de un Profeta que era bien conocido.

Como último eslabón de la cadena de la revelación que se remonta a tiempos inmemoriales, incluso hasta el mismo origen de la Humanidad, el Corán tiene la función especial de reunir el mensaje esencial de todos los Libros revelados y de distinguirlo de las opiniones y de las reacciones interpoladas posteriormente en los antiguos textos, cuya manifestación había tenido lugar en tiempos remotos e incluso desconocidos.

Por consiguiente, se llama al Corán no sólo la Lectura o el Recitado, sino también el Criterio: se le llama un Recordatorio y también una Clarificación. Un descendiente actual del Profeta Mohamed escribió en los siguientes términos acerca del alcance y función completos del Libro:

> El Corán no es otra cosa que los viejos libros pulidos de la aleación humana, y contiene verdades trascendentes encarnadas en todas las escrituras sagradas con las adiciones completas necesarias para el desarrollo de todas las facultades humanas. Repite verdades ofrecidas en los Sagrados Vedas, en la Biblia, en las palabras del Gita, en los dichos de Buda

y todos los demás profetas; añade lo que no estaba contenido en ellos, y da nuevas leyes para regular las contingencias de los tiempos actuales, en los que los diferentes miembros de la familia de Dios, que vivían separados entre sí en aquellos días de las viejas revelaciones, se han acercado recíprocamente [1].

Por el hecho de que el Corán sintetiza y perfecciona anteriores revelaciones, no lleva a cabo su función como un Criterio para distinguir entre lo verdadero y lo falso en forma de afirmación o condena dogmática de una u otra religión, sino en forma de distinción entre el artificio humano y el significado esencial de la religión, entre la hipocresía y la verdadera fe. Así, el mismo escritor explica: «El Corán se llama a sí mismo *Hakam* —"juez"—, para resolver entre cristianos y cristianos, entre hindúes e hindúes, entre budistas y budistas, y así lo hizo» [2]. La observación de que el Corán distingue las diferencias entre los creyentes de cada enseñanza religiosa, y no entre las mismas enseñanzas entre sí, parece constituir una clave para aproximarse al Corán sin ninguna desviación religiosa.

El Corán no podría funcionar de esta manera en el contexto de las religiones mundiales si no fuera más que una serie de dogmas o el manual de una nueva secta o cultos particulares. El Corán se dirige a la Humanidad como un todo, a las naciones, a las comunidades, a las familias y a los individuos; completo tanto en enseñanzas externas como internas, se dirige a personas y almas, individual y colectivamente.

---

[1] Sirdar Ikbal ali Shah: *Islamic Sufism* (Nueva York: Samuel Weiser, 1971), p. 41.

[2] *Ibíd.*, p. 43.

Un descendiente contemporáneo del Profeta escribe en los siguientes términos de la profundidad, riqueza y amplitud intrínseca muchas veces insospechadas del Corán:

> Para los sufíes del periodo clásico, el Corán es el documento codificado que contiene las enseñanzas sufíes. Los teólogos tienden a dar por supuesto que es capaz de interpretación sólo de un modo religioso convencional; los historiadores se inclinan por buscar fuentes literarias o religiosas anteriores; otras personas buscan pruebas de acontecimientos contemporáneos reflejados en sus páginas. Para el sufí, el Corán es un documento con numerosos niveles de transmisión, cada uno de los cuales contiene un significado conforme a la capacidad de comprensión del lector. Es esta actitud hacia el libro la que posibilitó la comprensión entre pueblos que tenían nominalmente trasfondos cristianos, paganos o judíos —sentimiento que el ortodoxo no podía entender—. En consecuencia, en un sentido el Corán es un documento de gran importancia psicológica[3].

De nuevo, puede verse aquí que la ventaja menor que podemos obtener de la lectura del Corán es la oportunidad de examinar nuestra propia subjetividad en la comprensión de un texto de esta naturaleza. Esto puede tener importantes consecuencias educativas, tanto a corto como a largo plazo, que difícilmente pueden resultar simplemente empapándose de opiniones y actitudes recibidas sin que medie un pensamiento y reflexión individuales.

---

[3] Idries Shah, *The Sufis* (Nueva York y Londres: Doubleday, 1964), p. 412. (Existe traducción al castellano: *Los sufíes*, Luis de Caralt Editor, Barcelona, 1975.)

# La llegada del Corán

Como es bien sabido, el Corán fue revelado a través del Profeta Mohamed, que nació alrededor del año 570 d. de C. Mohamed pertenecía al noble clan de los coreichitas\*, los custodios del sagrado templo de La Meca, el cual se cree que fue construido por Abraham en un remoto pasado.

Huérfano a una temprana edad, Mohamed se convirtió en un joven sobrio y responsable, conocido por su honradez. Cuando tenía veinticinco años, se casó con su empleadora, una rica mujer de negocios impresionada por la bondad de Mohamed.

La primera revelación sucedió cuando Mohamed tenía cuarenta años y era ya un hombre maduro de un carácter impecable. Tuvo lugar durante uno de sus retiros periódicos de meditación en una cueva de las montañas cerca de La Meca. Lejos de envanecerse a causa de esta experiencia, Mohamed permaneció temeroso y recatado; acudió presuroso a su esposa en su casa y con ansiedad le reveló lo que le había ocurrido. Recordándole sus bien conocidas virtudes, ella le aseguró que no estaba loco. Después le llevó a un primo, un cristiano que escuchó los principios del Recitado y declaró que era la misma Verdad aportada por Moisés y Jesús.

Los primeros musulmanes fueron miembros de la casa de Mohamed. Además de su esposa Jadicha\*\*, estaban el esclavo liberado Zaid y el joven primo de

---

\* Otros autores prefieren transcribir Quraish como coraxíes. (*N. del T.*)

\*\* Nombre que otros autores transcriben como Jadiya, Kadichah, y Kakija. (*N. del T.*)

Mohamed y futuro yerno Ali. Poco después, Abu Bakr, antiguo amigo de Mohamed, también se unió a la comunidad en ciernes del islam.

Después de un breve periodo, las revelaciones continuaron y empezó a esparcirse la noticia del nuevo movimiento musulmán. Esto molestó a los líderes coreichitas, porque pensaban que el islam disminuía su autoridad. Al enseñar que por naturaleza sólo podía existir un único Dios verdadero, el islam socavaba la autoridad religiosa de los coreichitas como dirigentes del antiguo politeísmo tribal. Al atraer muchos conversos entre los esclavos y otras capas desheredadas, se consideró que el islam socavaba también la autoridad política de los padres del clan dominante. Al predicar un nivel de humanidad y responsabilidad social muy por encima de las llevadas a cabo por las prácticas existentes, se vio que el islam disminuía también la estatura moral de los patriarcas tribales.

Durante diez años, Mohamed y los musulmanes de la Meca fueron sometidos a malos tratos y a torturas. Un grupo de musulmanes emigró a Abisinia, en la confianza que les había dado el Profeta de que el rey de aquel país era cristiano y les protegería. Posteriormente, los dirigentes coreichitas intentaron asesinar a Mohamed, de manera que el Profeta se vio finalmente obligado a huir de La Meca en el año 622. Éste llegó a conocerse como el Año de la Hégira, año a partir del cual se cuentan todas las fechas de la historia islámica.

Los musulmanes perseguidos emigraron en masa a Yatrib, conocida más tarde como Medina al Nabiy, «la Ciudad del Profeta», o simplemente Medina, «la Ciudad». Sin embargo, cuando la fuerza moral evidente del movimiento suscitó las esperanzas y los miedos de cada vez más individuos y grupos, se multiplicaron contra ellos las hostilidades y las intrigas. Como consecuencia, durante casi una década de residencia en Medina, Mohamed se vio repetidamente obligado a llevar a los musulmanes a la guerra. En una de las batallas, el Profeta fue gravemente herido en la cabeza y en la cara y se le dio por muerto.

Con el tiempo, Mohamed y los musulmanes resultaron vencedores, no en virtud de una victoria militar aplastante, sino de la constante devoción al islam y la resistencia infatigable a la opresión. Musulmanes pobremente armados se enfrentaban, y a veces derrotaban, a batallones de guerreros entrenados que les sobrepasaban diez veces en número. Y el movimiento continuó creciendo, a pesar de la oposición y de las desventuras.

En el año siete de la Hégira, Mohamed peregrinó a La Meca, y al año siguiente el Profeta entró en La Meca con una gran partida de musulmanes, sin que nadie se le opusiera. Limpió el templo de ídolos y estableció el culto al único Dios verdadero, incluyendo las prácticas de la oración, la limosna y el ayuno. Mediante la promulgación del Corán y a través de su propio ejemplo como Profeta inspirado, Mohamed también reformó muchos aspectos de la vida familiar, social y económica.

## El lenguaje del Corán

Generalmente se acepta que el Corán no puede ser traducido de una manera completa y literal, a causa de la relación íntima entre su forma lingüística y su contenido semántico, y a causa de la inconmensurabilidad de las lenguas árabes y no árabes. Un descendiente contemporáneo del Profeta explica la naturaleza del lenguaje sagrado del Corán en estos términos:

> El árabe clásico es la versión del árabe utilizada por la tribu coreichita, guardiana hereditaria del Templo de La Meca, y a la que pertenecía Mohamed. Antes de que el árabe llegara a ser considerado como una lengua sagrada por ser el vehículo del Corán, fue la lengua de la clase sacerdotal de La Meca, santuario cuya leyenda histórico-religiosa comienza con Adán y Eva. El árabe, la más precisa y primitiva de las lenguas semíticas, muestra signos de ser originalmente un lenguaje construido. Está formado según principios matemáticos —fenómeno que no tiene igual en ninguna otra lengua—. El análisis sufí de sus agrupaciones de conceptos esenciales muestra que las ideas, tanto las especialmente religiosas o de iniciación, como las psicológicas, están colectivamente asociadas a un tronco de un modo aparentemente lógico e intencional que difícilmente podría ser fortuito[4].

Como este tipo de concentración, que se hace posible por la naturaleza de la lengua árabe clásica, no puede ser reproducido en inglés [castellano], he intentado compensarlo de algún modo añadiendo notas lingüísticas que amplíen los significados de ciertas palabras mediante referencia a sus raíces y derivados relacionados. Estas notas deben, por tanto, considerarse como una parte intrínseca de la misma traducción. El embarazo de la lengua árabe también hace que sea posible, e incluso útil, reproducir la misma palabra de diferentes maneras al traducir del árabe a otra lengua. Según el eminente teólogo Al-Ghazali, no hay repeti-

---

[4] *Ibíd.*, p. 441.

ción en el Corán, porque «repetición» significa que no se confiere ya otro beneficio; este aspecto del lenguaje y del significado del Corán también encaja con la intensa concentración del árabe que permite que una sola palabra denote todo un grupo de conceptos.

Otro distinguido erudito y pensador musulmán contemporáneo descendiente del Profeta describe el lenguaje del Corán en términos que parecen de lo más directamente expresivos y vivencialmente orientados, pero que también fortalecen el sentido del nuevo lector y el aprecio de las cualidades literarias únicas e inimitables del Corán:

> El texto del Corán revela el lenguaje humano aplastado por el poder de la Palabra de Dios. Es como si el lenguaje humano estuviera esparcido en mil fragmentos como una ola esparcida en gotas contra las rocas en el mar. Uno siente a través del demoledor efecto impreso en el lenguaje del Corán el poder de lo Divino de donde proviene. El Corán despliega el lenguaje humano con toda la debilidad que le es intrínseca, convirtiéndose de repente en el recipiente de la Palabra Divina y exponiendo su fragilidad ante un poder que es infinitamente mayor de lo que un hombre pueda imaginar[5].

Esta fachada «esparcida» y «demolida» del lenguaje es un factor que hace que el Corán sea difícil de abordar para muchos occidentales, hasta que se entiende correctamente la razón para ello. Entonces, los cambios espectaculares de persona, modos, tiempos y modalidades se convierten en ejercicios estimu-

---

[5] Seyyid Hussein Nasr, *Ideals and Realities of Islam* (Londres: Allen & Unwin, 1968), pp. 47-48.

lantes de perspectiva y cambio de conciencia a una nueva manera de percibir.

## Lecturas del Corán

Por las razones brevemente expuestas, el Corán es extremadamente denso y extraordinariamente intenso. La presente recopilación de lecturas del Corán está simplemente diseñada para ayudar a los occidentales no musulmanes a acercarse a este libro sagrado y a saborear un poco de su poder y armonía literalmente sorprendentes, a través de una selección de capítulos y versículos que encierran las ideas fundamentales y las bellezas esenciales del Libro. (A lo largo del texto aparecen entre paréntesis los números de los versículos).

La naturaleza del Corán es tal que muchas de las variantes de las traducciones literales que son lingüísticamente exactas, hasta donde pueden serlo en estas circunstancias, se presentan en sutilezas, particularmente en matices de partículas y relaciones modales. Por esta razón, la mayoría de las versiones del Corán parecen a primera vista muy similares a los ojos de los occidentales no musulmanes. No obstante, estos matices sutiles pueden combinarse de muchas maneras hasta convertirse en diferencias considerables. Además, dichas diferencias se intensifican en proporción al grado de concentración y contemplación que ejerce el lector individual.

Ciertas características del inglés [y del castellano] entran también en juego cuando se traduce un texto sagrado a este idioma. La más significativa es el hecho de que no existe algo así como un inglés sagrado. Además, no hay un inglés estándar. Ni siquiera existe un inglés clásico, en el mismo sentido en el que existen un árabe o un sánscrito clásicos. Por último, por el mismo hecho de que no existe un inglés sagrado, estándar ni clásico, tampoco hay una estética universal o siquiera una estética literaria común en inglés.

Un problema concreto al traducir el Corán al inglés [y al castellano] se presenta por la existencia de numerosas formas intensivas utilizadas para referirse a los atributos de Dios. Existen diferentes formas de intensificación en árabe, con diferentes fórmulas de interpretar o incluso de describir una misma forma. En esta versión inglesa [castellana], los términos abarcantes y generales de intensidad se utilizan con la intencionalidad de que dichas expresiones pretenden funcionar como puntos a partir de los cuales pueda elevarse la conciencia del lector hacia la contemplación de ideales superiores. En otras palabras, el propósito no es el de representar a Dios en términos humanos, sino el de utilizar el lenguaje humano como medio de dirigir el ojo de la contemplación hacia la infinidad inexpresable de las realidades espirituales y metafísicas simbolizadas por la lengua.

Otro problema concreto al traducir del Corán al inglés [castellano] actual radica en el tratamiento de la referencia pronominal a Dios. En inglés [y en castellano] no existe un pronombre de tercera persona perfectamente adecuado para referirse al Dios trascendente que está más allá de toda concepción humana. El obstáculo definitivo del lenguaje humano es, por supuesto, natural y no específico del inglés; pero existen razones especiales para detenerse en el problema del pronombre de tercera persona. Muchas personas de cultura judía o cristiana se sienten separados de sus fes de nacimiento a causa de la imagen de Dios que llaman la del Viejo Enfadado, con la que se les ha enseñado a asociar la religión. Además, es bien sabido que muchas mujeres occidentales se han apartado del monoteísmo por lo que ha sido percibido como una desviación masculina de dicha imagen. Esto parece ser una pérdida innecesaria.

Para evitar cortocircuitar la atención de segmentos significativos de actuales lectores en esta fase rudimentaria, he traducido el pronombre de tercera persona árabe *huwa/hu* cuando se refiere a Dios como Dios, o a Dios como Verdad, en lugar de expresarlo con los pronombres «Él» o «Le» *. En términos técnicos, esto significa que, puesto que el recurso lingüístico fundamental es el *poder* de referencia, una técnica para solventar las dificultades de traducción empieza por considerar el lenguaje desde este punto de vista.

Como las lenguas difieren, es axiomático que esos *modos* de referencia nunca pueden ser completa o perfectamente exactos de una lengua a otra; y por ello, el intento de que lo sean no produce por sí mismo *poderes* equivalentes de referencia. Así, la primera prioridad de la traducción, en términos de significado, es intentar ajustar el *poder* de referencia tan eficazmente como sea posible, de cualquier modo que permita la lengua en cuestión. En este caso, el principio significa que no se toma un pronombre en una lengua para referirse a otro pronombre en otra lengua, sino al referente nominal original al que sustituye el pronombre, y mediante

---

* Sin embargo, en la versión castellana, hemos optado, en algunas ocasiones que hemos considerado ineludibles, por los pronombres Él y Le, y el adjetivo posesivo Su (en mayúsculas), por razones de sintaxis y para evitar repeticiones equívocas en los versículos. (N. del T.)

cuyo nombre/sustantivo puede ser traducido con pleno significado. En este caso, siguiendo el mandato del Corán de llamar a Dios mediante «los nombres más bellos», en general he traducido la referencia pronominal a lo divino por «Dios», nombre que en este contexto es el único que carece de ambigüedad.

Además, habría que observar que en el Corán la referencia a Dios suele hacerse en primera persona del plural y, ocasionalmente, en singular: Dios habla frecuentemente como «Nosotros/Nos/Nuestro» y, a veces, como «Yo/Me/Mío». El Corán se dirige a Dios como «Tú», y la referencia a Dios puede cambiar en un breve espacio del discurso de la primera, a la segunda y a la tercera persona. También se dirige a la Humanidad como «tú» en un momento, y como «ella» poco después. En esta versión, las referencias pronominales a Dios van, pues, necesariamente en mayúsculas, para que carezcan de cualquier ambigüedad. Una vez que se hacen familiares, este cambio de perspectiva constituye uno de los aspectos más interesantes de la conciencia originada por la lectura del Corán.

La selección del Corán contenida en este libro representa lo que el eminente teólogo Al-Ghazali llama los seis propósitos del Libro[6].

El **primer propósito** es el conocimiento de Dios, incluyendo la esencia, atributos y obras de Dios. El **segundo propósito** es la definición del Camino hacia Dios, mediante el que limpia el «moho» del espejo del alma de manera que la luz de Dios pueda reflejarse claramente en el alma purificada.

---

[6] Muhammad Abul Quasem, *The Jewels of the Qur'an: Al-Ghazali's Theory* (Londres: Kegan Paul International, 1984), p. 23 y siguientes.

A las aleyas del Corán que tratan del primer propósito, el conocimiento de Dios, Al-Ghazali las llama las joyas del Corán. A las aleyas que tratan del segundo propósito, que define el Camino hacia Dios, se las llama las perlas del Corán. Al dar estos epítetos para designar las aleyas, Al-Ghazali destaca que estos dos propósitos, el conocimiento de Dios y el camino hacia Dios, son los más importantes. Mi rosario de lecturas del Corán está centrado en las joyas y en las perlas, y contiene aproximadamente una quinta parte de todas las joyas y todas las perlas del Corán.

El brillo de las joyas y de las perlas es realzado y reflejado por las aleyas que representan los otros cuatro propósitos del Corán, tal como los define Al-Ghazali. El **tercer propósito** es la definición del estado del ser humano en el momento de alcanzar a Dios. El estado de realización espiritual, cuyo epítome es la visión de Dios, es simbolizado por el Jardín. El estado de quiebra espiritual, cuyo epítome es la separación de Dios, está simbolizado por el Infierno, o el Fuego.

El **cuarto propósito** es la definición de los estados de las personas que recorren el camino hacia Dios, como los profetas de otros tiempos, y los estados de los que se desviaron del camino hacia Dios, como los tiranos y los opresores del pasado. Estas aleyas describen las actitudes y comportamientos que han conducido, conducen y conducirán a las personas a la felicidad y a la desgracia.

El **quinto propósito** es la definición de los argumentos de quienes rechazan la verdad, pruebas contra estos argumentos, y exposición de la falsedad intrínseca y autoengaño que subyacen en estos argumentos. La especial belleza de estas aleyas radica en su demostración de la operación de hipocresía que se encubre a sí misma y de la lógica engañosa basada en presupuestos no probados.

El **sexto propósito** es la definición de la realización que se requiere en cada fase del Camino hacia Dios, incluida la manera de prepararse para el viaje. Estos versículos demuestran la conexión entre la vida en la sociedad humana y la vida del espíritu, cómo el yo y el mundo pueden convertirse en vehículos para el viaje hacia la iluminación y la plenitud.

Al engarzar estos versículos juntos en un rosario para su recitado he seguido en su mayor parte el original árabe en la división de los mismos. Por el contrario, la división de los versículos en líneas no tiene nada que ver con el original árabe, sino con la cadencia del inglés [y su adaptación al castellano] y el peso psicológico de las palabras que poseen en el Corán una tremenda fuerza individual.

A este respecto, es esencial observar que esta versión inglesa [castellana] está deliberadamente diseñada para leer en alta voz, para absorberse y reflexionar, porque ésta es la característica del mismo Corán, desde el mismo principio de su revelación. La lectura o el recitado del Corán no tiene por qué ser rápida o rutinaria, sino medida y atenta, siendo en sí misma un ejercicio espiritual. Donde ha sido posible, he intentado tomar prestada la dicción inusual del Corán árabe original (que, hay que recordar, es única e inimitable, incluso en el mismo árabe) por el efecto que tiene en el ritmo, la atención y el impacto psicológico del lector inteligente.

# LA ESENCIA
# DEL CORÁN

## La apertura

Alabanza a Dios,
Señor de todos los mundos,

el Compasivo, el Misericordioso,

Soberano del Día del Juicio.

Es a Ti a quien alabamos
y a Ti a quien recurrimos.

Muéstranos el camino recto,

el camino de aquellos a los que has favorecido,
no de aquellos sobre los que recae tu cólera,
no de aquellos que andan extraviados.

# La vaca

(2-7)

Este libro, sin duda,
es una guía para los justos; *

aquellos que creen en lo invisible,
que practican con constancia la oración,
y dan de aquello que Nosotros les hemos dispensado,

y aquellos que creen
en lo que te ha sido revelado
y en lo que fue revelado con anterioridad a ti,
y no dudan de la Otra Vida.

Ellos siguen la guía de su Señor,
y ellos son los bienaventurados.

Respecto a los ingratos ** que se niegan,
es lo mismo para ellos
que les amonestes o no;
ellos no creerán.

---

\* En el sentido que se utiliza en la Biblia de «los que temen a
Dios», son conscientes de su existencia o creen en él. En otras versiones se habla de los «piadosos» o los «timoratos». *(N. del T.)*

\*\* La mayoría de los autores traducen el término árabe *kafir*
—literalmente el que unta y recubre con algo la superficie de un
objeto para hacer desaparecer un escrito— por «infiel». Thomas
Cleary ha preferido traducirlo por *ungrateful*, «ingrato» en ésta y

Dios ha sellado sus corazones
y sus oídos,
y ha cubierto sus ojos;
para ellos habrá un gran tormento.


    (8-20)

Y entre las gentes
hay quienes dicen
que creen en Dios y en el Último Día
pero no creen.

Ésos intentan engañar a Dios
y a los que creen,
pero no engañan a nadie
sino a sí mismos,
aunque lo ignoran.

Hay una enfermedad en sus corazones,
y Dios la aumentará;
y el suyo es un doloroso tormento,
porque realmente mentían.

Y cuando se les dice no causéis desórdenes en la tierra,
responden que sólo están haciendo el bien.

¿Acaso no son realmente
los perturbadores,
sin siquiera saberlo?

-----

otras muchas ocasiones a lo largo del texto, en el sentido del hombre que borra de su memoria los dones de Dios. *(N. del T.)*

Y cuando se les dice:
«Creed como creen las gentes»,
responden: «¿Habremos de creer
como creen los necios?»
No, son ellos,
ellos quienes son necios
aunque lo ignoran.

Y cuando se encuentran
a aquellos que creen,
dicen: «Nosotros creemos.»
Pero cuando están solos
con sus obsesiones,
dicen:
«En realidad estamos con vosotros;
sólo nos estábamos burlando.»

Dios se burlará de ellos,
aumentando sus desmanes
y andarán errantes.

Son aquellos
que han negociado
la guía por el error:
así, su trato no les beneficia
y no son guiados.

Son comparables
a alguien que enciende un fuego,
y cuando éste ilumina
todo a su alrededor,
Dios toma su luz
y los deja en la oscuridad,
sin ver.

Sordos, mudos y ciegos,
ya no podrán volver*.

O [son]** como un nubarrón
del cielo,
sumido en las tinieblas,
truenos,
y relámpagos.
Ponen sus dedos
en los oídos
contra el estrépito
temerosos de la muerte:
pero Dios rodea a los ingratos.

Los relámpagos casi
los privan de su visión.
Cada vez que les dan luz,
caminan en ella;
y cuando les envuelve la oscuridad,
se detienen.
Y si Dios quisiera,
podría privarles
del oído y de la vista:
pues tiene poder sobre todas las cosas.

---

\* En el sentido de «ya no podrán volver a oír, hablar y ver»,
que los comentarios interpretan en el sentido de «ya no volverán al
buen camino» o «no se convertirán». *(N. del T.)*

\*\* Las palabras entre corchetes no aparecen en el texto inglés,
pero nos parecen imprescindibles para la comprensión del sentido
de las frases o para la construcción correcta de las oraciones grama-
ticales. *(N. del T.)*

(21-22)

¡Oh gentes!
Servid a vuestro Señor,
que os ha creado
al igual que a los que os precedieron,
y así podréis ser justos;

al que os ha hecho de la tierra un lecho,
y de los cielos un techo,
y al que hace descender el agua de los cielos,
y al que de ella produce
frutos para vuestro mantenimiento.
Por tanto, no imaginéis [que existe] nada como Dios,
cuando ya sabéis.

(28-29)

¿Cómo podéis negar a Dios,
puesto que estabais muertos
y os dio la vida;
y después os hará morir,
y os volverá a la vida?;
entonces retornaréis a Dios.

Dios es Quien creó para vosotros
todo cuanto se encuentra en la tierra,
después regresó a las alturas
y las dispuso en siete cielos;
y Dios está plenamente al tanto
de todas las cosas.

(30-39)


Y cuando nuestro Señor
dijo a los ángeles:
«Pondré un representante en la tierra»,
éstos respondieron:
«¿Vas a poner a alguien
que causará desórdenes en ella
y derramará sangre,
mientras nosostros cantamos Tus alabanzas
y Te glorificamos?»
Dios respondió: «Yo sé lo que vosotros ignoráis.»


Y Dios le enseñó a Adán
los nombres [de todos los seres], todos ellos;
después los llevó a la presencia de los ángeles y dijo:
«Decidme estos nombres
si decís la verdad.»


Ellos respondieron:
«¡Gloria a Ti!
Ningún conocimiento nos pertenece,
salvo el que Tú nos has enseñado.
Pues Tú eres el Omnisciente,
infinitamente Sabio.»


Dios dijo:
«Adán, diles sus nombres.»
Y cuando les hubo dicho sus nombres,
Dios dijo:
«¿No os dije ya
que conozco los misterios

de los cielos y de la tierra,
y sé lo que reveláis
y lo que habéis estado ocultando?»

Y cuando dijimos a los ángeles:
«Prosternaos ante Adán», ellos se prosternaron,
excepto uno, Iblis:
él se negó y mostró su arrogancia;
y fue uno de los ingratos.

Y Nosotros dijimos:
«Adán, habita en el jardín [del Edén],
con tu esposa;
y comed de él a vuestro gusto y placer.
Pero no os acerquéis a este árbol,
porque os convertiréis en tiranos inicuos.»

Pero después el Obsesionador *
hizo que ambos
resbalaran y cayeran de allí,
y los desalojó
del estado en el que habían estado.
Y Nosotros decimos:
«Descended todos,
con enemistad entre vosotros.
Y habrá techo y comida para vosotros
en la tierra por un tiempo.»

---

* Thomas Cleary utiliza el neologismo *Obsessor,* que no aparece en el *Webster's New Enciclopedic Dictionary,* y que traducimos
por «Obsesionador». En otras versiones del Corán suele aparecer
como «Satán». *(N. del T.)*

Entonces recibió Adán enseñanzas
de su Señor,
y Dios se compadeció de él,
ya que Dios es infinitamente compasivo
e infinitamente misericordioso.

Nosotros dijimos:
«Descended todos de ahí;
pero si con certeza
os llega guía de Mí,
entonces cualquiera que la siga
no tendrá nada que temer
ni tendrá aflicciones.

»Y aquellos
que rechacen desagradecidos Nuestros signos,
y los acusen de falsedad,
harán compañía al fuego,
serán quienes permanezcan en él.»

(42-46)

Y no oscurezcáis la verdad con la falsedad,
ni deliberadamente ocultéis la verdad;

y sed constantes en la oración,
dad limosnas,
y adorad con los que adoran.

¿Ordenáis ser justas a las gentes
cuando os olvidáis de vosotros mismos
a pesar de leer el Libro?
¿No entenderéis ahora?

Y llamad en vuestro auxilio
a la paciencia y a la oración;
aunque es sin duda arduo
excepto para los humildes,

aquellos que cuentan
con encontrar a su Señor,
y con retornar a Dios.

(48)

Y temed el día
en que ninguna alma podrá compensar
en absoluto a ninguna otra,
y no se aceptará intercesión de ella,
ni de ella se tomará rescate,
y no serán socorridas.

(62)

Sean musulmanes, judíos,
cristianos o sabeos*,
quienes creen en Dios y en el Último Día
y quienes hacen el bien
tendrán su recompensa en su Señor.
No tienen nada que temer,
y no sufrirán aflicciones.

---

* Naturales de Saba, y seguidores del sabeísmo, religión en la que se rendía culto a los astros. Hablaban una lengua arcaica de origen semítico y a ellos se alude con frecuencia en el Antiguo Testamento. *(N. del T.)*

(83)

No alabéis sino a Dios;
sed bondadosos con vuestros padres y parientes,
y con los huérfanos y los pobres.
Hablad con amabilidad a la gente,
sed constantes en la plegaria,
y dad limosnas.


(84-85)

Y cuando aceptamos vuestra promesa
de que no derramaríais la sangre de los vuestros,
y no los expulsaríais de sus propios hogares,
lo confirmasteis entonces
como vosotros mismos fuisteis testigos.

Mas después vosotros mismos
matasteis a vuestra propia gente,
y expulsasteis a un grupo de entre vosotros
fuera de sus hogares,
dando apoyo contra ellos
con iniquidad y enemistad.


(87)

Nosotros dimos el Libro a Moisés,
e hicimos que le sucedieran [otros] mensajeros.
Y dimos claras pruebas
a Jesús hijo de María,
y lo fortalecimos

41

con el espíritu santo*.
¿Acaso no sois altivos y arrogantes,
siempre que os llega un mensajero,
con aquello que vosotros no deseáis?
A algunos los habéis acusado de embusteros,
a otros los habéis matado.


(90)


Despreciable es aquello
por lo que a sí mismos se han vendido,
ya que rechazan lo que Dios les revela
por arrogante envidia de que Dios
favoreció con su divina gracia
a quien Él quiso
de entre Sus siervos.
Han atraído, pues,
sobre ellos
cólera sobre cólera;
y para los ingratos
es un humillante tormento.

---

* Va en minúscula *holy spirit,* pues Mohamed no se refiere a la
Tercera Persona de la Trinidad cristiana, sino al ángel Gabriel. Por
eso en otras versiones se traduce por «el espíritu de la santidad».
*(N. del T.)*

(102-103)

Salomón no fue un ingrato incrédulo,
pero los obsesionadores* fueron ingratos y descreídos;
enseñaron a los humanos la magia
y lo que se reveló
a los ángeles en Babilonia,
Harut y Marut.
Pero estos dos nunca enseñaron a nadie
sin decir:
«Nosotros somos una prueba,
por tanto no seáis infieles.»
Mas después, no obstante, aprendieron de los dos
lo que separa a maridos y esposas;
pero aquéllos no hacían mal a nadie
sin consentimiento de Dios.
Y aprendieron lo que les perjudicaba,
y no lo que les era de provecho.
Y ya sabían
que quienes lo compraban**
no tendrían lugar en la otra vida.
Y despreciable era aquello
por lo que se vendieron a sí mismos,
¡si tan sólo lo hubieran sabido!
Y si tan sólo
hubieran sido fieles y justos,
la recompensa de la presencia de Dios
hubiera sido sin duda preferible;
¡si tan sólo lo hubieran sabido!

---

* La mayoría de los autores han traducido «demonios». Véase
nota anterior de la p. 38. *(N. del T.)*
** En otras versiones se añade «la habilidad para hacer el
mal» o «el arte de Tentar». *(N. del T.)*

(115-117)

A Dios pertenece el Levante y el Poniente;
y allí a donde te vuelvas
se halla el Rostro de Dios.
Pues Dios es omnipresente y omnisciente.

Aún dicen que Dios ha engendrado un hijo.
¡Gloria a Dios!
No, a Dios todo pertenece
en los cielos y en la tierra,
y todo obedece a Dios.

Dios es el origen
de los cielos y de la tierra;
y siempre que Dios decreta algo,
Dios dice: «¡Sea!»
y es.

(136)

Decid:
«Creemos en Dios,
y en lo que nos ha revelado,
y en lo que ha sido revelado a Abraham y a Ismael,
a Isaac, a José y a las [doce] Tribus,
y en lo que fue dado a Moisés y a Jesús,
y en lo que fue dado a los profetas
por parte de su Señor.
Y no hacemos distinción alguna
entre ellos,
pues nos sometemos a Dios.»

(163-164)

Y vuestro Dios es un solo Dios;
no hay más Dios que el Único,
el Compasivo,
el Misericordioso.

¡Atended!, en la oración
de los cielos y de la tierra,
y en la alternancia de la noche y del día,
y en los barcos que surcan el mar
en provecho de la gente,
y en el agua que Dios hace llover de los cielos,
vivificando con ello la tierra
después de muerta,
y diseminando animales de todas clases
por toda ella,
y en las variaciones de los vientos
y de las nubes
sumisas entre los cielos y la tierra:
en todo ello hay signos
para las gentes que disciernen.

(177)

No es piedad
el que volváis vuestros rostros
hacia el Este y el Oeste:
mas son piadosos
quienes creen en Dios
y en el último día,
en los ángeles y en el Libro,
y en los profetas;

y quienes dan bienes y dinero
por amor de Dios
a parientes y huérfanos,
y a los pobres y a los viajeros,
y a los menesterosos,
y para liberar esclavos;
y quienes son constantes en la oración
y dan limosnas para socorrer,
y quienes cumplen sus promesas
cuando las hacen,
y quienes son pacientes
en el sufrimiento, la adversidad y los tiempos difíciles.
Ellos son los veraces,
y ellos son los justos.


(254)


Fieles creyentes,
gastad [en limosnas] de lo que os hemos dispensado,
antes de que llegue el día
en el que no habrá transacción,
ni amistad,
ni mediación.
Y serán los ingratos
quienes abusarán y oprimirán.


(255)


¡Dios!
No hay más Dios que el Único,
el Viviente, el Subsistente:
el letargo no se apodera de Dios,

ni el sueño.
A Dios pertenece
cuanto hay en los cielos y en la tierra:
¿quién podría haber
que intercediera ante Dios
sin Su consentimiento?
Dios sabe lo que se halla ante ellos,
y lo que se halla tras ellos,
pero ellos [los hombres] no comprenden
nada acerca del conocimiento de Dios,
excepto lo que Él quiere.
El trono de Dios
se extiende sobre los cielos y sobre la tierra,
y su conservación
no es onerosa para Él,
pues Dios es el Altísimo, el Sublime.


(256)


No ha de haber coacción en la religión.
La verdadera dirección es de hecho distinta del error:
pues cualquiera que deje de creer en ídolos
y crea en Dios
se ha asido
al asa más segura,
que no se rompe.
Pues Dios todo lo oye y todo lo sabe.


(262-265)


Aquellos que gastan su riqueza
en la senda de Dios
y no hacen seguir lo que gastan

de recordatorios de su generosidad
ni de malos procederes,
tendrán su recompensa
con su Señor.
Y no tienen nada que temer,
ni padecerán aflicciones.

Palabras bondadosas y de perdón
valen más que las limosnas
seguida de iniquidad.
Y Dios,
que carece de necesidades,
es supremamente Compasivo.

Creyentes,
no anuléis vuestras limosnas
recordando vuestra generosidad,
o mediante malos procederes,
como hacen quienes gastan su riqueza
para ser vistos por la gente,
sin creer en Dios
ni en el último día.
A lo que esto se asemeja
es a una dura piedra cubierta de polvo
sobre la que cae un aguacero
y la deja desnuda:
No pueden obtener nada
con lo que han ganado.
Y Dios no guía
a la gente que (Le) rechaza.
Y el ejemplo de quienes
gastan su riqueza
intentando agradar a Dios
y fortalecen su alma

es semejante
a un jardín sobre un otero
sobre el que cae un aguacero
y hace que sus frutos se dupliquen;
o si no cae el aguacero,
[caerá] entonces el rocío.
Dios ve todo lo que hacéis.


(285-286)

El mensajero cree
en lo que le ha sido revelado
por su Señor,
y lo mismo hacen los creyentes.
Todos creen en Dios y en Sus ángeles,
en los Libros de Dios y en Sus Enviados.
Nosotros no hacemos distinciones
entre cada uno de los profetas de Dios.
Y éstos dicen:
«Nosotros oímos y obedecemos.
Pedimos tu perdón, oh, nuestro Señor,
pues hacia Ti conduce el camino.»

Dios no obliga a un alma
a hacer lo que está más allá de su capacidad:
ésta consigue lo que ha logrado
y es responsable de lo que merece.
Señor Nuestro,
no nos castigues
si olvidamos o erramos.
Y por bondad, Señor Nuestro,
no nos impongas una carga
como la que impusiste

a aquellos que nos precedieron.
Y por bondad, Señor Nuestro,
no nos hagas sobrellevar
aquello para lo que
de fuerza carecemos.
Concédenos Tu perdón
y olvida nuestras faltas.
Ten misericordia de nosotros.
Tú eres nuestro protector;
protégenos, pues, contra
los ingratos.

# La familia de Imrán

(2-7)

Dios:
Nada es digno de alabanza excepto Dios,
el Viviente, el Subsistente.

Dios os envió el Libro con la verdad,
confirmando la verdad de lo que le precedió.
Y Dios envió antes la Tora y el Evangelio,
como guías para la humanidad;
y Dios envió el Criterio.

Ciertamente para quienes rechazan
los signos de Dios
existe un castigo terrible;
y Dios es un poderoso vengador.

Nada se oculta a los ojos de Dios,
en la tierra ni en el cielo.

Dios es quien os moldea
en el seno [de vuestras madres],
según su Voluntad:
nada es digno de alabanza excepto Dios,
el Omnipotente, el Omnisciente.
Dios es quien te envía
a ti [el Profeta] el Libro;
en él se encuentran versículos definitivos,

51

éstos [son] la matriz del Libro,
mientras que otros son metafóricos.
Aquéllos en cuyos corazones hay desviación
siguen los metafóricos buscando la disensión,
buscando la interpretación esotérica.
Pero nadie conoce
su significado original
excepto Dios.
Y los que enraizados de verdad en el conocimiento
dicen:
«Creemos en él [el Libro];
todo él procede de Dios.»
Pero nadie será aconsejado
excepto los de buen corazón.


(18-22)


Dios atestigua
que nada realmente
es digno de alabanza excepto Dios,
y lo mismo hacen los ángeles,
y quienes tienen conocimiento,
y se basan en la justicia.
Nada hay digno de alabanza excepto Dios,
compendio de poder y sabiduría.

Ciertamente, la religión ante Dios
es entrega: *

---

* Cleary traduce el término *islam*, como *surrender*, entrega, sumisión o resignación [a la voluntad de Dios]. La mayoría de los traductores (Julio Cortés, Juan Vernet, Joaquín García Bravo, Ahmed Abboud y Rafael Castellanos... mantienen el término *islam*. (*N. del T.*)

y aquellos a los que se dio el Libro*
no discreparon
hasta que les llegó la revelación,
por engreimiento y envidia entre sí.
En cuanto a los que rechazan
los signos de Dios,
Dios es rápido en tomarlo en cuenta.

Y si discuten contigo, [Mohamed]
diles entonces:
«He sometido mi ser a Dios,
y también se han sometido quienes me han seguido.»
Y di a aquellos
a quienes se les reveló el Libro
y a los iletrados:**
«¿Os sometéis a Dios?»***
Y si se han sometido,
están bien dirigidos.
Pero si se apartan,
tu única responsabilidad
es transmitir el mensaje;
y Dios ve a Sus siervos.

En cuanto a los que rechazan los signos de Dios
y matan a los profetas,

---

* Otros autores traducen como *Escrituras,* ya que el «Libro»
contiene también las revelaciones aceptadas por los judíos (Tora) y
por los cristianos (Antiguo y Nuevo Testamento). *(N. del T.)*

** Cleary ha optado por la traducción literal del término árabe
*ummi* como *unlettered folk* (personas que no saben leer ni escribir),
en lugar de «idólatras» *(ummiin)* que se emplea en otras partes del
Corán, o «gentiles», término elegido por otras versiones que adop-
tan términos que se encuentran en los Evangelios. *(N. del T.)*

*** En lenguaje actual: «¿Abrazáis el islam?» *(N. del T.)*

separándose de la verdad,
y matan a los que reclaman justicia,
anúnciales un terrible sufrimiento.

Son aquellos cuyas obras serán vanas
en éste y en el otro mundo;
y no tendrán defensores ni protectores.


(29-30)

Di:
«Tanto si ocultáis
lo que tenéis en el corazón
como si lo reveláis,
Dios lo conoce.
Y Dios conoce
lo que hay en los cielos
y lo que hay en la tierra;
Dios tiene poder sobre todas las cosas.

»El día en que cada alma
sea llevada a ponerse frente
al bien que haya realizado
y al mal que haya cometido,
deseará que exista un gran espacio
entre sí misma y su propio mal.
Dios os hace ser cautelosos con Él:
Dios es clemente con sus siervos.»

(42-43)

Y los ángeles dijeron:
«¡Oh, María! Dios te ha escogido
y te ha purificado,
te ha escogido de entre todas las mujeres
de todas las naciones.

"¡Oh, María!" Obedece a tu Señor,
póstrate
e inclínate en oración
junto a los que oran.»

(45)

Recuerda, los ángeles dijeron:
«Oh, María, Dios te anuncia buenas nuevas
de un Verbo que procede de Dios
llamado el Mesías, Jesús hijo de María,
[que será] ensalzado en este mundo
y en el otro,
y [que será] de los Próximos [a Dios].»

(48)

«Dios le enseñará
el Libro y la sabiduría,
la Tora y el Evangelio.»

(55)

Dios dijo:
«¡Jesús!
Te haré venir a Mí,
y te elevaré hasta Mí
y te purificaré
de los ingratos que no creen.
Y pondré a los que te siguen
por encima de los que no creen
hasta el día de la resurrección:
después todos volveréis a Mí,
y dirimiré entre vosotros
respecto a aquello en lo que discrepáis.»

(60)

La verdad procede de tu Señor,
no seas, pues, de los que dudan.

(62)

Ciertamente, ésta es la historia verdadera;
pues no hay más Dios que Dios,
y Dios es con certeza
Supremo en poder y sabiduría.

(79-80)

No está bien para un ser humano
al que Dios dé el Libro
la sabiduría y el don de profecía,

que vaya diciendo a la gente:
«Servidme a mí
en lugar de a Dios.»
Antes bien, sed instruidos en la ley divina,
puesto que habéis enseñado el Libro,
y [lo] habéis estudiado.

Y no se os ordena
tomar como señores a los ángeles y a los profetas;
¿se os ordenaría acaso ser infieles
tras haberos sometido a Dios?

(84)

Di: «Creemos en Dios,
en lo que Dios nos ha revelado,
y en lo que Dios reveló a Abraham y a Ismael,
a Isaac, a Jacob y a las Tribus,
y en lo que se entregó
a Moisés, a Jesús y a los Profetas
por parte de su Señor.
No hacemos distinción alguna
entre ellos;
pues nos sometemos a Dios.»

(102-105)

¡Fieles creyentes!
Reverenciad a Dios con la debida reverencia,
y no muráis
sin sumisión consciente a Dios.

Y aferraos al cable de Dios,
todos vosotros,
y no os deslicéis.
Recordad la bondad de Dios hacia vosotros:
pues erais enemigos
y Dios reconcilió vuestros corazones,
y os hicisteis hermanos
por la gracia de Dios.
Estabais al borde
de un abismo de fuego,
y Dios os libró de él.
Así hace evidentes Dios
sus signos para vosotros,
a fin de que podáis ser guiados.

Dejad que se produzca entre vosotros
un pueblo que preconice el bien
y se una a lo justo
y prohíba lo reprobable;
ellos serán los bienaventurados.

Y no seáis como aquellos
que se dividen y discrepan
después de haberles llegado las aclaraciones;
para ellos existe un terrible tormento.


(130)

Fieles creyentes,
no recibáis intereses usurarios,
multiplicados una y otra vez;
sed temerosos de Dios,
y quizá, así, prosperéis.

(133-137)

Y apresuraos a obtener el perdón
de vuestro Señor
y un jardín
vasto como los cielos y la tierra,
preparado para los justos,

aquellos que son generosos
en los buenos y en los malos tiempos,
reprimen la ira
y perdonan a los demás.
Pues Dios ama a quienes hacen el bien.

Y a aquellos que recuerdan a Dios
y buscan el perdón de sus pecados
cuando han cometido una iniquidad
o han engañado a sus propias almas
—¿y quién perdona los pecados sino Dios?—
y que no reinciden a sabiendas.

Su recompensa es el perdón de su Señor,
y jardines bajo los que fluyen ríos,
en los que permanecerán para siempre:
¡Cuán hermosa la recompensa para quienes se esfuerzan!

Antes de vosotros ocurrieron casos ejemplares,
recorred, pues, la tierra y ved
cómo han acabado los que despreciaron [a los enviados].

160)

Si Dios os ayuda,
nadie podrá venceros;
pero si os abandona Dios,
¿quién podrá socorreros?
Que los creyentes pongan su confianza en Dios.

(186)

Seréis, ciertamente, probados
en vuestras posesiones y en vuestras personas.
Y, ciertamente, oiréis muchos insultos
de quienes recibieron el Libro antes que vosotros
y de los que idolatran las cosas.
Pero ser pacientes
y justos,
ésa es la actitud resuelta
que determina las cosas.

(188-189)

No creas que aquellos
que se congratulan de sus obras
y gustan de ser alabados por lo que no hicieron,
no creas, no,
que se han librado del sufrimiento,
pues para ellos existe un doloroso castigo.

Pues de Dios es el dominio
de los cielos y de la tierra,
y Dios tiene poder sobre todas las cosas.

(190-191)

Realmente, en la creación
de los cielos y de la tierra,
y en la alternancia de la noche y del día,
hay signos para las personas de corazón:

Quienes recuerdan a Dios
estando en pie, sentados o reclinados,
y meditan sobre la creación
de los cielos y de la tierra:
«Señor nuestro,
no has creado esto en vano.
¡Gloria a Ti!
Presérvanos
del tormento del fuego.»


(195)

Y su Señor les respondió:
«Ciertamente no pasaré por alto
las obras de ninguno de vosotros,
hombre o mujer:
uno del otro procedéis.
En cuanto a los que emigraron,
fueron expulsados de sus hogares,
o fueron vejados por Mi causa,
combatidos o muertos,
borraré sus pecados
y los introduciré en los jardines
bajo los que fluyen ríos,
como recompensa

61

de la presencia de Dios.
Y [estar] en presencia de Dios
es la mejor de las recompensas.»


(199-200)

Y de hecho existen
entre las gentes del Libro
quienes creen en Dios
y en lo que se te fue revelado
y en lo que les fue revelado,
aquellos que son humildes ante Dios:
no venden los signos de Dios
por vil precio.
Tienen su recompensa con su Señor;
y Dios es rápido en ajustar cuentas.

Creyentes,
sed pacientes y perseverad,
y sed firmes y constantes;
y estad atentos a Dios *,
y así tal vez felizmente prosperéis.

---

* La mayoría de los autores traducen esta aleya o versículo
como «temed a Dios», pero Cleary ha optado por la expresión «be
mindful of God» (en el sentido de estar plenamente despierto o
consciente de Dios), en lugar de «be wary» que utiliza en la aleya
130 de esta misma sura o capítulo 3 del Corán. *(N. del T.)*

# Las mujeres

(1-10)

Oh, humanos,
sed reverentes con vuestro Señor
que os creó a partir de un solo ser
y creó de él a su compañera,
y de ellos dos
esparció muchos hombres y mujeres.
Sed reverentes con vuestro Señor
en cuyo nombre os pedís [cosas],
y respetad las relaciones [de consanguinidad],
pues Dios os vigila.

Dad a los huérfanos los bienes que les pertenecen
sin cambiar lo malo [vuestro] por lo bueno [suyo]
o consumir su riqueza
fundiéndola con la vuestra,
pues esto es un grave delito.

Y si teméis
no poder, tal vez,
hacer justicia a los huérfanos,
casaos entonces con mujeres que os gusten,
dos, tres o cuatro;
pero si teméis
no poder, tal vez,
tratarlas con equidad,
casaos entonces con una sola

63

o con una sierva bajo vuestra custodia:
eso sería más adecuado,
y así no fracasaréis.

Dad a las mujeres
sus dotes como regalo;
mas si os favorecen
con alguna parte de ella
por propia voluntad,
entonces disfrutadla
como algo provechoso y saludable.

No deis a los incapaces
la propiedad que Dios os otorgó para subsistir,
pero sustentadlos de ella y vestidlos,
y habladles con palabras amables.

Probad a los huérfanos
hasta que alcancen la edad para casarse;
y si percibís en ellos
integridad y razón,
entregadles su hacienda.
No la consumáis pródiga
o apresuradamente antes de su mayoría de edad.
Y que el [tutor] que sea rico
no tome nada de ella,
y que el [tutor] que sea pobre
tome de ella con honradez.
Y cuando hagáis la devolución
de su propiedad,
haced que haya testigos de ello,
aunque Dios baste
para tomar cuenta de ello.

Hay una parte para los hombres
de lo que dejen sus padres y parientes más cercanos,
y hay una parte para las mujeres
de lo que dejen sus padres y parientes más cercanos:
sea poco o mucho,
hay una parte determinada.

Y cuando parientes, huérfanos o pobres
estén presentes en la partición,
dadles entonces algo de ella
y habladles con palabras amables.

Y sed tan cuidadosos como aquellos
que han dejado tras sí con miedo hijos desprotegidos;
y sed temerosos de Dios,
y habladles adecuadamente.

Pues es seguro que quienes consuman
la hacienda de los huérfanos injustamente
sólo fuego ingerirán
y arderán
en violentas llamas.


(26-32)


Dios quiere aclararos
y guiaros por la senda
de los que os precedieron,
y volverse hacia vosotros;
pues Dios es el Omnisciente,
infinitamente Sabio.

Dios quiere volverse hacia vosotros,
pero el deseo de quienes siguen sus pasiones
es que os desviéis,
que os desviéis definitivamente de Dios.

Dios quiere aligerar vuestra carga,
pues los humanos fueron creados débiles.

¡Oh, creyentes!
No consumáis vuestras riquezas
los unos a los otros en vano.
Mas haya comercio
de mutuo acuerdo.
Y no os matéis a vosotros mismos; *
pues en verdad Dios ha sido misericordioso con vosotros.

A cualquiera que mate
por enemistad e inicuamente
lo arrojaremos al fuego;
y esto es fácil para Dios.

Si evitáis lo más grave
de lo que se os ha prohibido,
borraremos vuestros pecados
y os conduciremos
a una noble entrada [en el Paraíso].

No deseéis aquello con lo que
Dios agració a unos más que a otros:
hay una parte para los hombres

---

* Otras versiones han elegido «no os matéis entre vosotros» —los musulmanes—. La voz árabe *nafs* (persona, alma, individuo, uno mismo) ha resultado ambigua para los comentaristas, por ello algunos han traducido: «No os suicidéis.» *(N. del T.)*

de lo que han ganado,
y hay una parte para las mujeres
de lo que han ganado.
Pero pedid a Dios
de su divina munificencia,
pues Dios conoce todas las cosas.


(36-40)

Servid a Dios,
y no asociéis
nada con Dios.
Sed buenos con vuestros padres
y parientes,
con los huérfanos y los pobres,
con los vecinos cercanos
y con los vecinos remotos,
con el compañero que está a tu lado,*
con el viajero,
y con tus siervos.
Pues Dios no ama
a los arrogantes, a los jactanciosos,

a los que son avaros,
o empujan a otros a ser avaros,
y ocultan lo que Dios les ha dado
por su divina gracia.
Y
hemos preparado
un castigo humillante
para los ingratos,

---

\* Según algunos comentaristas, es una metáfora del cónyuge. (N. del T.)

y para quienes gastan su dinero
para ser vistos por la gente,
sin creer en Dios
ni en el último día;
y para quienes
el Pervertidor es amigo,
¡mal compañero tiene!

¿Qué les habría costado
haber creído en Dios y en el último día
y empleado en limosnas parte de lo que Dios les pro-
[veyó?
Dios les conoce muy bien.

En verdad Dios no oprime injustamente,
en lo más mínimo:
pues si existe alguna obra buena,
Dios la duplica,
otorgando gran recompensa
de su divina presencia.


(48-50)

Dios no perdona
que se Le asocie,
pero perdona cualquier otra cosa
a cualquiera, por voluntad divina.
Y quienquiera que asocie
otros dioses a Dios
inventa un gran error.

¿No has observado
a quienes se elogian a sí mismos?
Dios, por el contrario,

elogia a los que quiere:
y ellos no serán tratados injustamente
en lo más mínimo.

Mira cómo inventan
mentiras acerca de Dios;
esto es suficiente en sí mismo
para ser un error evidente.


(51-53)

¿No has observado
a quienes les fue dado
una parte del Libro?
Creen en ídolos y falsos dioses,
y dicen a los escépticos
que están de algún modo mejor guiados
que los que creen.

Ellos son aquellos a los que Dios ha maldecido.
Y para los que Dios ha maldecido
no encontrarás ayuda alguna.

¿Acaso poseen una parte del Dominio [del mundo]?
Pues bien, mira,
no dan nada a la gente.


(58)

Dios os ordena
restituir vuestras prendas
a sus propietarios;

y cuando dirimáis entre la gente,
que juzguéis con justicia.
Excelente es sin duda aquello
a lo que Dios os exhorta:
pues Dios lo oye y lo ve todo.


(85-87)

Quien interceda
por buena causa
tendrá su parte;
y quien interceda
por mala causa
recibirá otro tanto:
es Dios
quien hace que todo suceda.

Y si os saludan
cortésmente,
saludad con más cortesía
o al menos devolved [el saludo];
pues Dios todo lo toma en cuenta.

Nada hay digno de alabanza excepto Dios:
Dios os reunirá
para el día de la resurrección
en él que no podrá haber duda alguna.
¡Y quién más veraz que Dios en la palabra!

(97-100)

A aquellos a quienes los ángeles quitan la vida
mientras son injustos con sus propias almas,
los ángeles les dicen:
«¿Cuál era vuestra situación?»
Ellos responderán:
«Estábamos oprimidos en la tierra.»
Los ángeles replicarán:
«¿Acaso no era suficientemente vasta la tierra de Dios
para haber podido emigrar?»
Y su morada será el infierno,
un miserable refugio.

Exceptuados están los oprimidos,
hombres, mujeres y niños,
que no pueden hacer nada [para emigrar]
y que no han sido en manera alguna guiados:

en cuanto a ellos, tal vez,
Dios los perdone,
pues Dios perdona
y es muy indulgente.

Mas quien emigre
por causa de Dios
hallará en la tierra
muchos vastos refugios;
y a quien abandone su hogar
para refugiarse en Dios
y en su Mensajero
y sea entonces alcanzado por la muerte,
su recompensa incumbe a Dios;
pues Dios es indulgente
y misericordioso.

(105-108)

Te hemos revelado el Libro
con la verdad
para que puedas juzgar entre la gente
según Dios te ha mostrado;
así pues, no abogues
en favor de los traidores.

Busca el perdón de Dios,
pues Dios es indulgente
y misericordioso.

No defiendas el caso
de los que se engañan a sí mismos;
pues Dios no ama
a los traidores y malvados.

Pueden esconderse de la gente,
pero no pueden esconderse de Dios;
pues Dios está presente cuando traman
con palabras que Él no aprueba.
Pero Dios abarca
cualquier cosa que hagan.

(114)

No hay bien
en la mayoría de sus conciliábulos,
salvo en los que se recomienda
la caridad o la justicia,
o la reconciliación entre las personas:

y a quien esto haga,
buscando agradar a Dios,
le daremos una magnífica recompensa.


(124-126)

Cualquiera, hombre o mujer,
que obre bien
y sea creyente
entrará en el Jardín
y no será en absoluto oprimido.

¿Y quién es mejor tocante a religión
que quienes someten
su ser a Dios,
hacen el bien
y siguen el camino de Abraham,
en pos de la verdad?
Pues Dios tomó a Abraham
por amigo.

Y a Dios pertenece
cuanto hay en los cielos
como en la tierra;
y Dios todo lo abarca.


(152)

Para quienes creen
en Dios y en Sus Enviados,
y no hacen distinciones
entre los Enviados,

su recompensa será inminente;
pues Dios es indulgente
y misericordioso.


(163-166)

Te hemos inspirado,
como inspiramos a Noé
y a los profetas que le siguieron;
pues hemos inspirado a Abraham,
a Ismael, a Isaac,
a Jacob, a las Tribus,
a Jesús, a Job,
a Jonás, a Aarón
y Salomón;
y dimos a David
el Libro de los Salmos.

Y hubo mensajeros
de los que te hemos hablado antes,
y mensajeros de los que
no te hemos hablado.
Y Dios habló directamente a Moisés.

Hubo mensajeros
que trajeron buenas nuevas
y que amonestaron,
de manera que los humanos no disputaran
frente a Dios
después de [la venida de] los mensajeros.
Y Dios es omnipotente, omnisciente.

Pero Dios es testigo
de haberte revelado
Su revelación
por su divino conocimiento.
Y los ángeles son testigos,
aunque Dios
como testigo basta.


(171-175)


Gentes del Libro,*
no exageréis
en vuestra religión,
y no digáis de Dios
nada sino la verdad.
El Mesías,
Jesús hijo de María,
fue sólo un Enviado de Dios,
y una Palabra de Dios
concedida a María,
y un Espíritu de Dios.
Creed, pues, en Dios
y en los enviados de Dios,
y no habléis de una trinidad,
pues sería mejor que os detuvieseis.
Sólo Dios es el Único digno de alabanza:
gloria a Dios,
alabado más allá de tener un hijo.
A Dios todo pertenece
en los cielos y en la tierra;

---

* Referencia en esta ocasión a los cristianos. *(N. del T.)*

Dios se basta
para gobernarlo todo.

El Mesías
no tiene a menos
ser un servidor de Dios,
ni tampoco los ángeles próximos [a Dios].
Y quienes tienen a menos
la alabanza a Dios
y se engrandecen a sí mismos,
Dios los congregará,
a todos ellos.

Mas Dios dará recompensas
e incluso más
por su divina gracia
a quienes crean
y hagan buenas obras.
Y aquellos que sean
desdeñosos y arrogantes
Dios los castigará
con un doloroso tormento;
y no encontrarán,
fuera de Dios,
amigos ni defensores.

¡Oh, humanos!,
os ha llegado una prueba evidente
de vuestro Señor:
pues os hemos revelado
una clara luz.

A quienes crean, pues, en Dios
y se aferren a Él,
los admitirá

en Su misericordia
y en Su gracia.
Y Dios los guiará
hacia lo divino
por una vía recta.

# La mesa

(44)

Nosotros fuimos
quien revelamos la Tora,
que contiene guía y luz.
Los profetas que se sometieron a Dios
administraron justicia con ella a los judíos,
como hicieron los rabinos y los sacerdotes,
pues se les había confiado
el Libro de Dios
y eran testigos del mismo.
No temáis, pues, a la gente,
antes bien, temedme a Mí;
y no vendáis Mis signos
por vil precio.
Aquellos que no juzguen
según lo que Dios ha revelado
son los ingratos incrédulos.


(46-50)

E hicimos que les sucediera
Jesús hijo de María,
en confirmación de la verdad
de la Tora que le precedió;
y le dimos el Evangelio,
que contiene guía y luz,

que corrobora también la verdad
de la Tora que le precedió,
como guía y exhortación
para los justos.

Y que las gentes del Evangelio
juzguen por lo que Dios les reveló en él;
y aquellos que no juzguen
según lo que Dios ha revelado,
ellos son los rebeldes.

Y te hemos revelado el Libro
con la verdad, que confirma
la Escritura que le precede,
y que la salvaguarda.
Juzga, pues, entre ellos
conforme a lo que Dios te ha revelado;
y no sigas sus deseos
que te apartan de la verdad
que se te ha revelado.
Para cada uno de vosotros
hemos establecido una norma
y un camino abierto.
Y si Dios hubiera querido,
habría hecho de vosotros
un solo pueblo;
pero Dios os prueba
respecto a lo que habéis recibido.
Competid en virtud;
Dios es vuestro destino, el de todos:
y Dios os informará
sobre aquello en que discrepabais;

juzga entre ellos
conforme a lo que Dios te ha revelado,
y no sigas sus deseos;
ten cuidado con ellos
no sea que te seduzcan separándote
de parte de lo que Dios te ha revelado.
Y si se apartan,
sabe que es deseo de Dios
castigarles por algunos de sus crímenes.
Parte de la humanidad es ciertamente rebelde.

¿Buscan, pues, el juicio de la ignorancia? *
¿Y quién mejor que Dios como juez
para un pueblo que está seguro [de la Verdad]?


(54-60)

Creyentes,
si uno de vosotros
reniega de la religión de Dios,
Dios suscitará un pueblo
amado por Él
y del cual será amado:
humilde con los creyentes,
severos con los incrédulos,
que combatirá en la senda de Dios
sin miedo a la censura de los que critican.
Ésa es la gracia de Dios,
dispensada según Su voluntad;
pues Dios es inmenso
y omnisciente.

---

* Aplicada en general a los idólatras o paganos —a los infieles—, en el sentido de ser juzgados según sus leyes. (N. del T.)

Vuestros amigos realmente
son sólo Dios y Su Enviado,
y aquellos que creen,
que son constantes en la oración
y dan limosna,
prosternándose ante Dios.

Y si alguien toma por amigos
a Dios y a Su Enviado
así como a los creyentes, [sepa que]
verdaderamente los seguidores de Dios
son los victoriosos.

Fieles creyentes,
no toméis por amigos
a quienes vuestra religión
toman a mofa y juego,
sean de aquellos
a los que el Libro
les fue dado antes que a vosotros,
o sean infieles.
Y temed a Dios,
si sois creyentes.

Pues cuando llamáis a la oración,
la toman a mofa y juego;
eso es porque son gentes
que no entienden.

Di:
«¡Gente del Libro!
¿Vais a desautorizarnos sólo
porque creemos en Dios

y en lo que se nos ha revelado
y en lo que fue revelado antes,
y porque la mayoría de vosotros sois depravados?»

Di:
«¿Os anunciaré
algo peor que eso
como retribución junto a Dios?
Los que Dios ha maldecido,
los que han incurrido en su ira,
a los que Dios convirtió en monos y cerdos
y en esclavos de los seductores:
el suyo es un estado diabólico
y conduce a apartarse
del camino recto.»

(65)

Si tan sólo la gente del Libro
hubiera creído y sido recta,
sin duda habríamos borrado sus pecados
y les habríamos admitido
en el Jardín de las delicias.

(67-69)

Mensajero,
da a conocer lo que tu Señor
te ha revelado,
pues si no lo haces
no habrás transmitido
el mensaje divino.

Y Dios te protegerá
de los seres humanos;
pues Dios no guía
al pueblo que se niega.

Di:
«Gentes del Libro,
carecéis de fundamento,
hasta que practiquéis
la Tora y el Evangelio
y lo que vuestro Señor
os ha revelado a todos vosotros.»
Pero en la mayoría de ellos,
lo que ha sido revelado
a ti por tu Señor
aumenta la impiedad y la ingratitud.
No te aflijas, pues,
por un pueblo ingrato.

Sin duda, sean musulmanes,
judíos, sabeos * o cristianos,
quienes creen en Dios
y en el último día
y quienes hacen el bien
no tienen nada que temer
y no se afligirán.

---

* Véase *N. del T.* de la p. 40.

(87)

¿Y qué nos impide
creer en Dios
y en cuanto nos llegó de la Verdad?
Pues esperamos que Dios
nos permita contarnos
entre los justos.

# El ganado

(1-3)

Alabanza a Dios,
que creó los cielos y la tierra
e instituyó la oscuridad y la luz;
pero los ingratos
equiparan a otros con su Señor.

Dios es quien os creó de arcilla,
después fijó un término [a vuestra vida].
Existe un término fijado
en presencia de Dios.
Y aún dudáis.

Y Dios es [lo único] digno de alabanza *
en los cielos y en la tierra:
Dios conoce vuestros secretos
y vuestras manifestaciones,
y Dios sabe lo que merecéis.

(11-14)

Di:
«Viajad por la tierra y ved

---

\* Respetamos el circunloquio de Cleary donde todas las
demás versiones traducen literalmente *Allah* o *al-ilah* «Él es Dios»
o «Él es el Dios». *(N. del T.)*

85

qué se hizo de aquellos
que rechazaron la verdad como error.»

Di:
«¿A quién pertenece
lo que hay en los cielos y en la tierra?»
Di:
«A Dios,
que Se impuso la misericordia.»
Realmente Dios os reunirá a todos
para el día del juicio
del que no hay duda;
quienes han perdido sus propias almas
son los que no creen.

«Y a Dios pertenece cuanto
acontece en la noche y en el día;
Dios es quien todo lo oye, quien todo lo sabe.»

Di:
«¿Tomaré por amigo y protector
a otro que no sea Dios,
creador de los cielos y de la tierra?
Pues Dios alimenta, mas no es alimentado.»
Di:
«Se me ha ordenado ser el primero
de los que se someten a Dios;
y no debéis estar entre los idólatras» *.

---

* Otra posible traducción de «and you should not be idola-
trous» podría ser «y no estés entre los idólatras». Se referiría a
Mohamed mismo (Julio Cortés, Editora Nacional, Madrid 1980;
Juan Vernet, Plaza y Janés, Barcelona, 1980; Abboud y Castellanos,
Centro Islámico de Venezuela, Valencia, sin fecha). Aquí hemos

(32)

Y la vida de este mundo
no es otra cosa que juego y diversión:
sin duda la morada en la otra vida
es mejor para los justos;
¿es que no lo entenderéis?


(38)

Y no hay animal en la tierra
ni ave que vuele con sus alas
que no formen comunidades como vosotros.
No hemos omitido
nada del Libro;
y después de un tiempo
serán congregados,
llamados hacia su Señor.


(42-48)

Y mandamos enviados
a comunidades que os precedieron,
y las sobrecogimos
con desgracias y aflicciones,
para que se humillasen.

Mas ¿por qué no se humillan
cuando les alcanza Nuestro rigor?

---

optado, como J. García Bravo en la edición de Edicomunicación,
Barcelona, 1991, por el plural de segunda persona. *(N. del T.)*

Por el contrario, endurecieron sus corazones,
y la Obsesión [Satán] engalanó
lo que acostumbraban a hacer.

Y cuando hubieron olvidado
lo que se les había recordado,
abrimos para ellos
las puertas de todos los bienes,
hasta que se alegraron
por lo que habían recibido.
Súbitamente nos apoderamos de ellos
y fueron presa de la desesperación.

Así fue extirpado
el último vestigio
del pueblo que obró mal;
alabanza a Dios,
Señor del Universo.

Di: «¿Imagináis
que si Dios probase vuestro oído
y vuestra vista
y sellase vuestros corazones,
habría otro aparte de Dios
que os los podría restituir?»
Observa cómo les explicamos los Signos
y, aun así, ellos se apartan.

Di: «¿Creéis
que si os llegase
el castigo de Dios,
de manera repentina o visible,
sería alguien destruido excepto
los inicuos?»

Sólo mandamos a los enviados
como portadores de buenas nuevas
y como amonestadores;
quienes crean, pues,
y se enmienden
nada tienen que temer
y no se afligirán.


(50-54)


Di: «No os digo
que yo posea los tesoros de Dios
y que conozca las cosas ocultas.
No os digo
que sea yo un ángel.
Yo sólo sigo
lo que se me ha revelado.»
Di:
«¿Son iguales el ciego y el vidente?
¿Es que no reflexionáis?»


Advierte mediante éste [el Corán] a quienes temen
ser congregados ante su Señor:
aparte de Dios no hay para ellos
protector ni intercesor;
tal vez así puedan tener temor [de Dios].


Y no rechaces
a quienes invocan a su Señor
mañana y tarde
buscando la esencia de Dios:
no has de rendir cuentas de ellos,

ni ellos de ti.
Pues, si les rechazas,
serás un inicuo.

Así hemos probado
a unos por otros
para que puedan decir:
«¿Son éstos a quienes
Dios ha favorecido
entre nosotros?»
¿No conoce Dios mejor que nadie
quiénes son los agradecidos?

Y cuando vengan a ti [Mohamed]
aquellos que creen en nuestros signos,
di: «La Paz sea con vosotros.»
Vuestro Señor se impuso la misericordia,
de modo que si alguien de vosotros
obra mal por ignorancia,
mas después se arrepiente y se enmienda,
[sepa que] sin duda Dios
es indulgente y misericordioso.


(56-57)

Di:
«Se me ha prohibido
adorar a aquellos que invocáis
en lugar de Dios.»
Di:
«No sigo vuestros deseos:
en ese caso me desviaría
y no estaría entre los guiados.»

Di:
«Me baso en las pruebas evidentes
que proceden de mi Señor,
aunque las consideráis falsas.
No tengo [en mi poder]
lo que intentáis apresurar;*
Sólo Dios posee la sabiduría
Dios dice la verdad
y es el mejor de los jueces.»


(59-60)


Pues con Dios
se hallan las claves de lo oculto;
nadie las conoce
salvo Él.
Y Dios conoce
lo que hay en la tierra
y en el mar;
y ni una sola hoja se cae
sin que Dios lo sepa.
Y no hay un solo grano
en la oscuridad de la tierra,
ni hay nada verde, o seco,
que no esté en un Libro abierto.

Es Dios
quien toma vuestras almas por la noche,
y sabe lo que habéis adquirido de día;
después os resucitará,

---

* Se refiere al castigo con el que Mohamed amenazaba a los infieles y éstos le retaban a demostrárselo ya. *(N. del T.)*

de modo que se cumpla
el plazo fijado.
Por tanto, vuestro destino
será Dios,
que os pondrá en conocimiento
de lo que habéis hecho.


(95-98)


Realmente es Dios
quien separa la semilla y el hueso,
haciendo surgir lo vivo
de lo muerto;
y es Dios quien saca lo muerto
de lo vivo.
Ése es Dios;
¿cómo podéis, pues, engañaros?

Dios hace que apunte el alba,
y ha hecho la noche para descansar,
y el sol y la luna para el cómputo:
esto es lo que ha decretado
el Poderoso, el Omnisciente.

Es Dios quien ha hecho las estrellas para vosotros
para que podáis guiaros por ellas
en la oscuridad de la tierra y del mar.
Hemos definido los signos
para los que disciernen.

Es Dios quien os ha creado a todos vosotros
a partir de un solo ser;

he ahí, pues, una morada y estancia.
Hemos definido los signos
para los que comprenden.


(114-117)

¿Buscaré, pues, un juez
que no sea Dios,
el único verdadero
que os reveló el Libro
claramente explicado?
Y aquellos a los que
dimos el Libro
saben que es una revelación
de vuestro Señor
con la verdad:
no seáis, pues,
de los que dudan.

La palabra de tu Señor se ha cumplido
en verdad y en justicia:
no se puede cambiar la palabra divina,
pues Dios es Quien todo lo oye, todo lo sabe.

Mas si tuvieras que obedecer
a la mayoría de los que están en la tierra,
éstos te apartarían
del camino de Dios:
pues ellos sólo siguen conjeturas,
y sólo dicen falsedades.

Realmente tu Señor sabe mejor que nadie
quién se aparta del camino de Dios;

y conoce mejor que nadie
quienes son los guiados.


(120)


Huid, pues, de todo pecado,
público o privado;
pues quienes sean culpables de pecado
serán retribuidos
conforme a su merecido.


(122)


¿Acaso pueden quienes estaban muertos, *
mas Nosotros volvimos a la vida
y les dimos una luz con la que
caminar en medio de la humanidad,
ser como aquellos
que permanecen en las tinieblas
y no pueden salir de ellas?
A los ingratos, pues,
lo que han hecho
les parece agradable.


(130)


¡Asamblea de genios y de humanos!
¿Acaso no os llegaron
mensajeros de entre vosotros

---

* Alusión a quienes se convirtieron al islam. En las demás versiones aparece en singular. *(N. del T.)*

relatando Mis signos
y advirtiéndoos
de la comparecencia
en vuestro día?
Ellos dirán:
«Testimoniamos contra nosotros mismos.»
Pues la vida del mundo
les engañó con vanas esperanzas;
así testificaron contra ellos mismos
haber sido ingratos *.


(159-160)

En cuanto a los que dividen su religión **
y se escinden en sectas,
tú [Mahoma] no tienes nada que ver con ellos:
sólo a Dios corresponde su suerte,
que les recordará
todo lo que han hecho [en la tierra].

Quienes obren el bien
recibirán diez veces más;
y quienes hagan el mal
sólo serán retribuidos
con otro tanto:
y no serán defraudados.

---

   * Cleary suele utilizar el término *ungrateful* —ingratos, desagradecidos— allí donde los demás traductores utilizan «incrédulos»
o «infieles». *(N. del T.)*
   ** Referencia a los judíos y a los cristianos. *(N. del T.)*

(162-164)

Di:
«Realmente mi plegaria y total devoción,
mi vida y mi muerte
pertenecen a Dios,
Señor del Universo.

»Dios no tiene copartícipe:
esto se me ha ordenado;
y soy el primero en someterme [a Él].»

Di:
«¿Buscaré un señor
que no sea Dios,
Señor de todas las cosas?
Ningún alma obtiene
salvo su merecido,
y nadie carga el fardo ajeno.
Vuestro destino definitivo
es vuestro Señor,
que os recordará
aquello en que discrepasteis.»

# Los lugares elevados*

(2-10)

Se te ha revelado un Libro,
—que no haya, pues, ninguna inquietud
en tu pecho por él—,
para que adviertas con él,
como recordatorio para los creyentes.

Seguid lo que a todos vosotros
vuestro Señor os ha revelado,
y no sigáis a ningún protector excepto a Dios.
Poco caso hacéis.

¿Cuántas comunidades hemos destruido
y visitado con Nuestra venganza
en sus casas por la noche
o cuando dormían durante el día?

Y nunca fue otro su grito,
cuando les alcanzó Nuestra venganza,
que «¡estábamos equivocados!»

---

* Otros autores han preferido dejar el término árabe que da título a la sura 7, *al-a'raf*, castellanizarlo como «el araf», o traducirlo por «muro» o «murallones», como el lugar de separación entre el infierno y el paraíso, aunque la etimología de la palabra es incierta y algunos comentadores la remontan al término *arafa*, «conocer». Así pues, serían los lugares intermedios —una especie de limbo o de purgatorio en la tradición cristiana— desde donde podría observarse tanto a los «justos» como a los «impíos». *(N. del T.)*

Y pediremos cuenta a aquellos
a quienes se envió el mensaje,
y pediremos cuenta a los mensajeros.

Y les relataremos con conocimiento todo [lo que
hicieron],
pues nunca estuvimos ausentes.

Y la balanza en ese día
será la Verdad:
y aquellos cuyos platillos pesen
serán los bienaventurados.

Y aquellos cuyos platillos sean ligeros
serán quienes hayan perdido sus propias almas
porque despreciaron Nuestros signos.

Os hemos establecido en la tierra,
y hemos proveído vuestra subsistencia en ella:
exigua es vuestra gratitud.


(11-25)

Y os hemos creado y dado forma:
y después dijimos a los ángeles:
«Prosternaos ante Adán.»
Y ellos se prosternaron, excepto Iblis,
que fue de los que no se prosternaron.

Dios dijo:
«¿Qué te impidió prosternarte
cuando te lo ordené?»
Iblis dijo:

«Soy mejor que él:
me creaste de fuego,
mas a él lo creaste de arcilla.»

Dios dijo:
«Desciende, pues, de aquí [del Paraíso]:
no te corresponde enaltecerte a ti mismo aquí.
sal entonces,
pues eres de los detestables.»

Iblis dijo:
«Concédeme una tregua
hasta el día en que resuciten.»

Dios dijo:
«Estarás entre los tolerados.»

Iblis dijo:
«En vista del hecho
de que Tú me has extraviado,
los acecharé
en Tu camino recto.

»E intentaré acosarlos
a la cara y a sus espaldas,
por su derecha y por su izquierda:
y no hallarás
a la mayoría de ellos agradecidos a Ti.»

Dios dijo:
«Sal de ahí,
despreciado y rechazado:
tened por cierto que si alguno te sigue,
llenaré el infierno con todos vosotros.»

«Mas tú, Adán,
mora en el jardín,
tú y tu esposa,
y comed de lo que os plazca;
mas no comáis cerca de este árbol,
si no, os convertiréis en impíos.»

Entonces el Obsesionador
les susurró sugerencias
para poner al descubierto sus vergüenzas,
que se les había ocultado,
y dijo:
«Vuestro Señor os prohibió este árbol sólo
por temor a que os hicierais ángeles o inmortales.»

Y él les juró:
«Soy un fiel consejero para vosotros.»

Así hizo caer a los dos
por medio de la esperanza vana:
y cuando ellos probaron del árbol,
quedaron al descubierto sus vergüenzas;
y comenzaron a coser juntas
hojas del jardín
para cubrirse.
Y su Señor les convocó:
«¿No os prohibí ese árbol
y os dije que el Obsesionador
era para vosotros un enemigo declarado?»

Ellos dijeron:
«¡Nuestro Señor!
¡Hemos sido injustos con nosotros mismos!

Y si no nos perdonas
y tienes misericordia de nosotros,
estaremos ciertamente perdidos.»

Dios dijo:
«Descended,
[seréis] enemigos unos de otros:
hay para vosotros una morada en la tierra
y provisiones por un tiempo.»

Dios dijo:
«Allí viviréis,
y allí moriréis;
pero de allí se os sacará.»


   (26-31)

¡Descendientes de Adán!
Os hemos enviado vestiduras
para tapar vuestras vergüenzas y para vuestro atuendo;
si bien es mejor vestir la conciencia.
Esto se cuenta entre los signos de Dios,
así, tal vez presten [los humanos] atención.

¡Descendientes de Adán!
Que el Obsesionador no os tiente
como cuando hizo que vuestros antepasados
fueran expulsados del jardín,
despojándolos de sus vestiduras
para mostrarles sus vergüenzas.
Por cierto, que él os ve,
él y sus huestes,

desde donde vosotros no les veis:
pues hemos hecho a las obsesiones
amigas de los que carecen de fe.

Y cuando hacen algo vergonzoso,
dicen: «Vimos hacerlo a nuestros padres,
y Dios nos dirigió hacia ello.»
Di: «Dios no ordena
nada que sea vergonzoso:
¿decís de Dios
lo que no sabéis?»

Di: «Mi Señor ha ordenado justicia,
y dirigir vuestro ser directamente hacia Dios
en todo lugar de oración;
invocad a Dios,
con sinceridad;
habréis de retornar
al estado en que os creó.»

Dios ha guiado a algunos,
mas a otros ha extraviado merecidamente,
por haber preferido las obsesiones
en lugar de Dios
y pensar que eran ellos los guiados.

¡Descendientes de Adán!,
engalanáos
en cualquier lugar de oración,
y comed y bebed:
mas no cometáis excesos,
pues Dios no ama
a aquellos que despilfarran.

(33)

Di:
«Mi Señor sólo ha prohibido
lo que es vergonzoso, en público o en privado;
la maldad y la opresión injusta;
y que asociéis a Dios cualquier cosa
a la que no se haya conferido autoridad;
y que digáis de Dios
lo que no sabéis.»

(35-36)

¡Descendientes de Adán!
Siempre que un mensajero salido de entre vosotros
os llegue relatando Mis signos,
los que son justos
y enmiendan sus vidas
no tienen nada que temer
y no se afligirán.

Pero los que rechazan Nuestros signos
y los tratan con desprecio
morarán en el fuego,
y en él permanecerán.

(87)

Y existe entre vosotros
un grupo que cree
en aquello para lo que he sido enviado,

y un grupo que no cree;
sed, pues, pacientes hasta que Dios juzgue entre vosotros,
pues Dios es el mejor de los jueces.


(94-96)

Jamás enviamos profeta a ciudad alguna
sin afligir a sus habitantes
con miseria y desgracias
a fin de que, quizá así, se humillasen.

Después cambiamos la adversidad en beneficios
hasta que prosperaban y decían:
«La adversidad y la prosperidad también afectó a
[nuestros padres.»
Entonces, nos apoderamos de ellos por sorpresa,
cuando menos se lo esperaban.

Mas si los habitantes de las ciudades
hubieran creído y temido a Dios,
les habríamos abierto, ciertamente,
las bendiciones de los cielos y de la tierra:
pero rechazaron la verdad como mentira,
y así les reprendimos
como se merecían.


(152-153)

En cuanto a los que se fabricaron ídolos,
la cólera del Señor los alcanzará,
y el oprobio en la vida de este mundo:
así retribuimos a los que inventan mentiras.
Pero con quienes han obrado mal,

mas después se arrepienten y creen,
tu Señor será indulgente
y misericordioso.


(155-157)


Moisés escogió a setenta de entre su pueblo
para un encuentro con Dios:
y cuando les sorprendió un violento terremoto,
dijo: «¡Mi Señor!
Si hubieses querido, podrías ya
haberlos exterminado, y a mí también,
¿nos exterminarás por las obras
de los ignorantes insensatos de nuestro pueblo?
Seguramente esto no es sino una prueba Tuya,
con la que extravías a quien quieres
y guías a quien quieres.
Tú eres nuestro protector:
perdónanos, pues, y ten piedad de nosotros;
pues eres el mejor de los que perdonan.


»Otórganos* el bien
en este mundo y en el otro:
pues nos hemos vuelto a Ti.»
Dios dijo:
«Inflijo Mi castigo
a quien quiero.
Pero Mi misericordia abarca todas las cosas;
la destinaré, pues, a quienes
son justos y caritativos,
y a quienes creen en Nuestros signos:

---

* Literalmente, «ordena para nosotros el bien». (*N. del T.*)

»aquellos que siguen al Mensajero,
el Profeta Iletrado *
de quien encuentran referencia
en sus propios escritos,
en la Tora y en el Evangelio:
él les dirige hacia lo bueno
y les prohíbe la maldad;
y declara lícitas las buenas cosas,
y veda lo que es malo.
Y les libera de sus fardos,
y de los yugos que portaban.
Quienes tienen, pues, fe en él,
le honran y le ayudan,
y siguen la luz
que le fue revelada:
esos serán los bienaventurados, esos prosperarán.»

(172)

Y cuando Dios extrajo
a partir de los hijos de Adán
su descendencia de sus espaldas **
y les hizo dar testimonio
por sí mismos

---

* En otras versiones se encuentra «el Profeta de los gentiles», entendiendo por gentiles aquellas personas que no pertenecían a la «gente de la Escritura» revelada (quienes no eran judíos ni cristianos), o «Profeta analfabeto», por recibir toda su ciencia de Dios. (*N. del T.*)

** Literalmente, de su «lomo» (*loin* es el término inglés que utiliza Cleary); en terminología bíblica, podría transcribirse por «costilla», pero el resto de las versiones traducen por «riñones». (*N. del T.*)

—¿NO SOY YO VUESTRO SEÑOR?—,
dijeron: «¡Claro que sí! ¡Damos fe de ello!»
No sea que dijeran el Día del Juicio:
«¡Nosotros lo ignorábamos!» *.

(177-181)

Mal ejemplo es el de aquellos
que han rechazado Nuestros signos,
haciéndose daño a sí mismos.

Aquellos a los que Dios guía
son los correctamente guiados;
y aquellos a los que Dios extravía
son los que pierden.

Hemos creado para el infierno
a muchos genios y humanos:
tienen corazones,
mas con ellos no comprenden;
tienen ojos,
mas con ellos no ven;
tienen oídos,
mas con ellos no oyen;
Son como ganados,
pero aún más extraviados;
son los negligentes.

---

\* Según la mística islámica, Dios hizo comparecer un día a todas las generaciones futuras para que dieran fe de Dios como único Señor, y poder recordarles después este pacto, sirviéndose de su propio testimonio. *(N. del T.)*

Los nombres más bellos son los de Dios,
invoca, pues, a Dios con ellos,
evitando a quienes profanan los nombres;
recibirán su merecido
por lo que hayan hecho.

Y de los que hemos creado
hay un pueblo que se guía por la verdad
y mediante ella hace justicia.


(204-206)

Y cuando se lee el Recitado,
escuchadlo en silencio
para poder ser bendecidos con la misericordia.

Y recuerda a tu Señor
dentro de tu alma
con humildad y temor reverencial,
mañana y tarde,
sin ostentación de palabras;
y no seas de los negligentes.

Los que están junto a tu Señor
no tienen a menos alabarlo;
Lo glorifican y se prosternan ante Dios.

# Ta Ha*

(2-8)

No te hemos revelado
el Recitado
para hacerte desgraciado,

sino únicamente como recordatorio
para los que temen a Dios,

como revelación del Creador
de la tierra y de los cielos en las alturas,

el Compasivo
instalado en el Trono,

a quien pertenece cuanto
existe en los cielos y en la tierra,
y lo que se halla entremedio,
y cuanto hay bajo el suelo.

Y si pronuncias la palabra en alto,**
Dios conoce con certeza el secreto,
y lo que está más recónditamente oculto.

_____

\* Título tomado de las letras del primer versículo de esta sura
(vigésima por el orden tradicional y cuadragésimo quinta por el
orden de revelación), y cuyo significado se ignora. *(N. del T.)*

\*\* Referencia a las palabras de la oración. Las demás versiones
añaden, generalmente entre corchetes o en cursiva, otro versículo
para la comprensión de esta aleya: «es inútil». *(N. del T.)*

Dios es el único Dios *
a quien pertenecen los nombres más bellos.


(25-36)

[Moisés] dijo: «Señor mío,
dilata mi pecho
y facilita mi tarea,

y desata el nudo de mi lengua,

para que puedan entender mis palabras.

Y dame un consejero
de mi familia,

Aarón, mi hermano;

aumenta con él mi fuerza,

y haz que comparta mi tarea,

para que podamos glorificarTe mucho

y Te recordemos con frecuencia.

Pues Tú velas por nosotros.»

Dios dijo: «Moisés,
tu petición es concedida.»

---

\* Traducido normalmente como «No hay más Dios que Él».
(N. del T.)

# Los profetas

EN EL NOMBRE DE DIOS, EL COMPASIVO,
EL MISERICORDIOSO

(1-10)

Se acerca para los humanos su rendición de cuentas,
pero ellos se alejan despreocupados.

Siempre que les llega
un nuevo recordatorio de su Señor,
lo ridiculizan al oírlo,

con sus corazones distraídos.
Y mantienen sus conciliábulos en secreto
los que actúan inicuamente:
«¿Acaso no es un hombre como vosotros?
¿Os entregaréis a la brujería
a sabiendas?»

[El Profeta] dijo:
«Mi Señor sabe lo que se dice
en el cielo y en la tierra;
Dios todo lo oye y todo lo sabe.»

«No», dicen ellos, [todo] «es un amasijo de sueños».
«No, lo ha inventado.»
«No, es un poeta.»
«Que produzca un signo [milagroso]
como revelaban
los antiguos [enviados].»

Ninguna de las comunidades, antes de ellos,
que nosotros destruimos creyó:
¿habrán de creer, pues, ellos?

Y antes que a ti nunca enviamos
sino a hombres a los que inspiramos:
preguntad, pues, a los que fueron recordados*,
si no sabéis.

Y no les dimos cuerpos
que no comiesen alimentos,
ni eran inmortales.

Después, cumplimos la promesa
y les salvamos,
así como a los que quisimos salvar.
Y exterminamos a los inmoderados
que transgredieron todos los límites.

Os hemos enviado un Libro
en el que se halla un recordatorio** para todos.
¿Es que no comprendéis?


(11-29)


¿Cuántas comunidades
hemos aniquilado

---

* Referencia a los judíos y a los cristianos. Otras versiones prefieren hacerlo explícito, traduciendo «a la gente de la Escritura» o «a la gente de la Amonestación». *(N. del T.)*

** En el sentido de amonestación o advertencia, y también de tradición. El término árabe *dhikr* significa recuerdo, relato y lo que sirve para recordar algo, que es la acepción por la que parece inclinarse Cleary con la palabra inglesa *reminder. (N. del T.)*

por impías e injustas,
sustituyéndolas después por otros pueblos?

Y cuando sintieron Nuestra venganza,
huyeron de ella.

No huyáis, sino volved
a lo que se os había dado
de bueno en esta vida
y a vuestros hogares,
para ser, tal vez, interrogados.

Dijeron: «¡Ay de nosotros!,
¡fuimos realmente impíos!»

Y no cesaron
en sus lamentaciones
hasta que les segamos,
reducidos a cenizas muertas.

Y no como juego creamos
el cielo y la tierra
y todo lo que hay entre ellos.

Si hubiéramos deseado divertirnos,
lo habríamos hecho
en Nuestro propio Dominio,
de habérnoslo propuesto.

Antes, al contrario, gritamos
la Verdad contra lo falso,
lo hiere de lleno,
y la falsedad desaparece.
¡Y ay de vosotros
por lo que afirmáis!

Suyos son quienes están
en los cielos y en la tierra:
y quienes se hallan en presencia de Dios
no desdeñan adorarle,
ni se cansan:

glorifican a Dios incesantemente,
día y noche.

¿Han escogido [los infieles] a dioses de la tierra
que resuciten a los muertos?

Si hubiera habido dioses
en el cielo y en la tierra
distintos de Dios,
ambos, sin duda,
habrían perecido.
¡Gloria a Dios,
Señor del Trono,
por encima de lo que le atribuyen!

A Dios no se le pide cuentas
por lo que hace;
a ellos es a quienes
se les pedirá cuentas.

¿Han adoptado a otros dioses
en lugar de al Único?
Di: «Aportad vuestras pruebas.
Éste es el recordatorio
de quienes están conmigo,
y el recordatorio
de mis antecesores.»

Pero la mayoría de ellos
no conocen la verdad,
y entonces se apartan.

Siempre que mandamos un enviado,
le revelamos
que no hay nada que adorar
sino a Mí, «¡adoradMe, pues!»

Mas ellos dicen:
«El Compasivo ha tenido un hijo;
¡gloria a Él!»
No, no son sino siervos venerables: *

no hablan antes de que lo haga Dios,
y actúan por Su mandato.

Dios sabe lo que se halla ante ellos
y lo que se halla detrás de ellos;
y no interceden
sino por aquellos que placen a Dios,
y son cautos por temor de Dios.

Y si alguno de ellos dice:
«He de ser adorado en lugar de Dios»,
por ello le retribuiremos con el infierno:
así recompensamos a los impíos.

---

* El hecho de que este versículo esté en plural se explica, ya
que al término árabe en singular *waladan* —hijo— los traductores
le dan un valor colectivo. Muchos han traducido «el Compasivo ha
adoptado hijos», refiriéndose a los ángeles. Cleary ha mantenido
*son* en singular. *(N. del T.)*

(30-41)

¿No perciben los ingratos
que los cielos y la tierra
están unidos,
y después los separamos,
y que hicimos del agua
a todos los seres vivientes?
¿No tendrán fe?

Y colocamos en la tierra
montañas firmes,
para que no oscilara con ellas;
y establecimos en ella senderos como caminos,
para que pudieran ser guiados.

E hicimos del cielo
un techo, protegido;
pero ellos se apartan de sus signos.

Y Dios es quien creó
la noche y el día,
el sol y la luna,
cada cual navegando en su órbita.

Y no hemos concedido eternidad
a nadie antes de ti.
Si tú entonces has de morir,
¿habrían ellos de estar aquí para siempre?

Toda alma experimenta la muerte.
Os probamos a todos vosotros
por lo malo y por lo bueno
como tentación.
Y a Nosotros seréis devueltos.

Y cuando te ven los ingratos sin fe,
sólo te toman a broma:
«¿Es éste el que denigra a vuestros dioses?»
Y mientras, rechazan
el recordatorio del Compasivo.

La humanidad está hecha de precipitación.
Os mostraré todos Mis signos,
no me deis, pues, prisa.

Y dicen:
«¿Cuándo se cumple esta promesa,
si estás diciendo la verdad?»

¡Si los incrédulos conocieran el momento
en el que no podrán librarse del fuego
de sus rostros y de sus espaldas
y no serán auxiliados!

No, les caerá inesperadamente
y les confundirá,
pues no tendrán advertencia
ni dilación.

Y los Mensajeros que te precedieron
fueron tomados a burla ciertamente;
pero los que se burlaban fueron cercados
por aquello de lo que se habían burlado.


(42-50)

Di: «¿Quién puede protegerte
del Compasivo

noche y día?»
Pero se apartan
de la mención de su Señor.

¿Tienen otros dioses que los defiendan
en lugar de Nosotros?
Éstos no pueden ayudarse a sí mismos
no serán protegidos contra Nosotros.

Mas les hemos permitido disfrutar de cosas,
a ellos y a sus antepasados,
hasta alcanzar una edad avanzada.
¿Acaso no se dan cuenta
de que afectamos la tierra,
reduciendo sus límites?
¿Serán ellos acaso los vencedores?

Di: «Yo sólo os advierto por revelación.»
Pero los sordos no oyen el llamamiento
cuando les llega la advertencia.

Mas si les alcanza
un soplo del castigo de su Señor,
dirán de seguro:
«¡Ay de nosotros, que estábamos obrando impíamente!»

Y dispondremos los platillos de la justicia
para el día de la rendición de cuentas:
y ninguna alma será defraudada en lo más mínimo.
Y aunque fuera el peso de un grano de mostaza,
lo traeremos a colación:
Nosotros nos bastamos para ajustar las cuentas.

Dimos a Moisés y a Aarón
el Criterio, y Luz,
y un recordatorio para los justos,

los que temen a su Señor en secreto,
y tienen miedo de la Hora.

Y ése es un mensaje bendito
que hemos revelado:
¿lo rechazaréis, pues, todos?

# La luz

(35-42)

Dios es la luz
de los cielos y de la tierra.
la luz de Dios es comparable
a un nicho en el que hay una lámpara,
lámpara en un fanal de cristal,
fanal de cristal cual estrella brillante,
encendido de un árbol bendito, un olivo,
que no es de Oriente ni Occidente,
su luz casi luminosa
aunque no la toque el fuego.
¡Luz sobre luz!
Dios guía hacia esta luz
a quien Él quiere:
y Dios proporciona ejemplos a los humanos;
pues Dios conoce todas las cosas.

La luz está en las casas
que Dios ha permitido levantar
para que Su nombre sea recordado allí,
donde se glorifica a Dios
mañana y tarde,

gente a la que no distraen
los negocios ni el comercio
del recuerdo de Dios,
la constancia en la oración

y del dar limosnas,
pues temen el día en el que
corazones y ojos serán transformados,

para que Dios les recompense
por sus mejores obras,
y les otorgue aún más
de su divina gracia.
Pues Dios provee sin medida
a quien Él quiere.

En cuanto a los ingratos que no tienen fe,
sus obras son como un espejismo en una llanura,
que el hombre sediento imagina que es agua
hasta que llega a él y no encuentra nada;
mas encuentra a Dios en su presencia,
Quien le saldará su cuenta;
pues Dios es rápido en ajustar cuentas;

o como oscuridad
en un vasto y profundo océano
cubierto de olas,
unas sobre otras,
con nubes por encima.
Tinieblas sobre tinieblas;
si se saca la mano,
apenas se la puede ver.
Pues a quien Dios no ilumina
carece totalmente de luz.

¿Acaso no ves que glorifican a Dios
todos los seres en los cielos y en la tierra,
incluso las aves con sus alas [desplegadas]?
Cada cual conoce su propia manera

de orar y de alabar:
Dios es sabedor
de todo lo que hacéis.

Pues de Dios es el dominio
de los cielos y de la tierra;
a Dios conduce el viaje.

# Roma

(2-10)

El Imperio Romano ha sido vencido

en la tierra más próxima;
pero ellos serán victoriosos tras su derrota,

en tres o diez años.
Todo depende de Dios,
en el pasado y en el futuro.
En aquel día
los creyentes se regocijarán,

del auxilio de Dios.
Dios ayuda a quien Él quiere,
pues es el Poderoso, el Misericordioso.

Es promesa de Dios:
y Dios no rompe Su promesa,
aunque la mayoría de los humanos lo ignoran.

Conocen las cosas externas
de la vida del mundo,
pero se despreocupan
del final definitivo.

¿Es que no reflexionan en su interior?
Dios no ha creado los cielos y la tierra
y todo cuanto hay entre ambos

sino del justo modo y por un plazo determinado:
pero la mayoría de los humanos no creen
en el encuentro con su Señor.

¿Acaso no recorren la tierra
y ven cómo acabaron los que les precedieron?
Ellos eran más poderosos que éstos,
cultivaban la tierra, y la poblaron,
más densamente que éstos.
Y llegaron a ellos
Mensajeros con aclaraciones.
No es Dios quien les perjudicó,
más a sí mismos se perjudicaron.

Después, el final de los que obraron mal fue el mal,
pues rechazaron los signos de Dios
y se burlaron de ellos.


(11-19)

Dios inicia la creación,
luego la reproduce;
después, a Dios seréis devueltos.

Y el día en que llegue la hora,
los pecadores se desesperarán.

Y no habrá intercesores
entre sus ídolos,
y renegarán de los mismos.

Y el día en que llegue la hora,
ese día serán divididos:

quienes tuvieron fe y obraron bien
serán regocijados en un jardín;

mientras que quienes fueron incrédulos
y rechazaron Nuestros signos y el encuentro final
serán entregados al castigo.

Glorificad, pues, a Dios,
cuando anochecéis
y cuando amanecéis;

pues de Dios es toda alabanza
en los cielos y en la tierra,
tanto al ocaso como al mediodía.

Dios hace salir lo vivo de lo muerto,
y hace salir lo muerto de lo vivo;
y Dios vivifica la tierra después de muerta:
y así es como os sacará [de la sepultura].


(20-27)

Y entre los signos de Dios
está el haberos creado del polvo;
y ahí estáis, humanos,
propagándoos por todas partes.

Y entre los signos de Dios
está el haberos creado
esposas [nacidas] de vosotros
para que reposéis con ellas,
y Dios puso amor y bondad entre vosotros.
Por cierto que en esto hay signos
para los sensatos.

y entre los signos de Dios
está la creación de los cielos y de la tierra
y de la diversidad de vuestras lenguas y color [de piel].
Por cierto que esto es un signo para los que saben.

Y entre los signos de Dios
está vuestro sueño en la noche y en el día,
y vuestra búsqueda de la bondad de Dios.
Por cierto, en esto hay un signo para los que oyen.

Y entre los signos de Dios
está el mostraros el relámpago,
ocasión de miedo y esperanza;
y Dios hace bajar el agua
del cielo,
vivificando la tierra
después de muerta.
Por cierto, en esto hay un signo
para los inteligentes.

Y entre los signos de Dios
está el que cielo y tierra se sostengan por orden Suya.
Después, cuando Dios os llame
con un llamamiento desde la tierra,
todos surgiréis inmediatamente.

A Dios pertenecen todas las cosas
en los cielos y en la tierra:
todo obedece a Dios.

Y Dios es quien inicia la creación,
luego la reproduce:
y esto es supremamente fácil para Dios.

A Dios se refiere el más alto ideal
en los cielos y en la tierra:
y Dios es Poderoso, Omnisciente.


(28-40)

Dios os propone un ejemplo
[tomado] de vuestro propio ámbito:
¿acaso poseéis esclavos [con quienes compartís] como
[asociados
lo que os hemos proveído,
siendo iguales en esto,
y les teméis como os teméis a vosotros mismos?
Así explicamos los signos
a los que razonan.

No, quienes obran mal
siguen sus propios deseos sin conocimiento.
Entonces, ¿quién guía a los que Dios extravía?
No tendrán quien les ayude.

Dirige tu ser hacia la religión
con sincera devoción
mediante la naturaleza concedida por Dios,
conforme al fin con que Dios creó a la humanidad.
No cabe alteración en la naturaleza
creada por Dios.
Ésa es la verdadera religión,
pero la mayor parte de la humanidad lo ignora.

Volviéndoos * a Dios arrepentidos,
sed justos y observad la plegaria,
y no seáis idólatras,

de los que escinden su religión
y se han hecho sectarios,
satisfecho cada grupo de lo que tiene.

Y cuando la adversidad alcanza a los humanos,
invocan a su Señor, volviéndose arrepentidos hacia Dios.
Luego, cuando Dios les ha hecho gustar
de la misericordia que de Él les llega,
algunos de ellos atribuyen
asociados a su Señor,

así que son ingratos
con lo que les hemos concedido.
Gozad, pues, ya que pronto sabréis.

¿Acaso les enviamos
alguna autoridad que hable **
de lo que ellos han idolatrado?

Y cuando hacemos gustar de la misericordia a los
[humanos,
se regocijan en ella;
mas si les llega la adversidad
por lo que sus propias manos han elaborado,
entonces se desesperan.

---

\* Según Julio Cortés, *ob. cit.*, la orden en singular dirigida al Profeta en la aleya anterior se extiende aquí, en plural, a toda la comunidad, estando la frase truncada al comienzo. *(N. del T.)*

\*\* En el sentido de «sancionar» o «justificar». *(N. del T.)*

¿Acaso no ven que Dios
prodiga y escatima la provisión
a quien Él quiere?
Por cierto que en esto hay un signo
para los que creen.

Concede, pues, su derecho al pariente,
al pobre y al viajero: *
es lo mejor para quienes buscan
la presencia y el favor de Dios;
ellos son quienes prosperan.

Cuanto prestáis con usura
para que os produzca
invertido en la riqueza de los demás
[ese préstamo] no aumenta ante Dios;
pero lo que dais como limosna
buscando la presencia y el favor de Dios,
eso es lo que será multiplicado.

Dios es Quien os ha creado a todos vosotros,
proveyó después vuestro sustento,
después os hará morir
y, luego, os volverá a la vida.
¿Acaso hay entre vuestros ídolos
alguno que pueda hacer algo de esto?
Gloria a Dios, exaltado más allá
de cualquier asociación.

---

* En el sentido de peregrino o «seguidor de la causa». *(N. del T.)*

(41-60)

Ha aparecido la corrupción
en la tierra y en el mar
a causa de lo que
merecieron las manos humanas,*
para hacerles probar
algo de lo que produjeron,
y que tal vez, así, retornen [arrepentidos].

Di: «Recorred la tierra y ved
cómo terminaron los que os precedieron:
la mayoría de ellos eran idólatras.»

Dirige, pues, tu ser
hacia la verdadera religión
antes de que llegue el día de Dios
que no podrán evitar:
ese día serán divididos.

Los que fueron ingratos
portarán la responsabilidad de su ingratitud;
mientras que los que obraron bien
se prepararán para el descanso de sus propias almas,

a fin de que Dios pueda retribuir con Su bondad
a quienes tuvieron fe y obraron bien.
Ciertamente Dios no ama
a los ingratos que no creen.

---

* Traducción literal que se refiere a las obras de los seres
humanos. (N. del T.)

Y entre los signos de Dios
está el que los vientos sean enviados
como portadores de buenas nuevas
y el haberos hecho gustar
de Su misericordia;
y el que puedan navegar los barcos
por orden Suya,
y que podáis todos buscar
parte de Su bondad,
y que podáis estar agradecidos.

Antes de ti hemos mandado, ciertamente,
Enviados a su pueblo,
que les llevaron pruebas claras;
después tomamos venganza
de aquellos que cometieron crímenes.
Pues era Nuestro deber
ayudar a los fieles creyentes.

Dios es Quien envía los vientos
que agitan una nube,
y Dios la extiende en el cielo,
conforme a Su divina voluntad,
y la fragmenta,
y ves la lluvia
saliendo de ella.
Y ésta cae
sobre quien Dios quiere
de entre Sus siervos:
entonces éstos se regocijan,

aunque previamente,
antes de que fuese enviada sobre ellos,
estaban, sin duda, desesperados.

Mira, pues, las huellas de la misericordia de Dios,
cómo vivifica la tierra después de muerta;
Ciertamente, Dios es quien da vida a los muertos;
pues Dios tiene poder sobre todas las cosas.

Y si enviamos un viento
y ellos ven que amarillea,
por ello se volverían
seguramente ingratos.

Así, ciertamente no puedes hacer que los muertos oigan,
ni puedes hacer que los sordos oigan el llamamiento
cuando se han vuelto de espaldas.

Ni eres el guía de los ciegos
para sacarles del error;
no puedes hacer que nadie oiga,
excepto quien cree en Nuestros signos
y se ha entregado.

Dios es Quien os creó débiles,
después os dio fuerza tras la debilidad,
luego os dio debilidad y envejecimiento tras la fuerza.
Dios crea cuanto quiere;
pues Dios es Omnisciente, Omnipotente.

Y el día en que llegue la hora,
los culpables jurarán
que sólo permanecieron un momento [en las tumbas];
así de engañados estaban.

Y aquéllos a los que se dio
conocimiento y fe dirán:
«Ciertamente permanecisteis,

de acuerdo con el Libro de Dios,
hasta el día de la resurrección.
Y éste es el día de la resurrección,
aunque no os habéis dado cuenta.»

Así, ese día la excusa de los impíos
no les servirá de nada,
y ninguna reconciliación les será posible.

Y hemos propuesto toda clase de ideales
para la humanidad en este Recitado:
mas si presentas un versículo
a los ingratos que no creen,
seguramente dirán:
«No sois * más que unos impostores.»

Así sella Dios los corazones
de aquellos que no saben.

Ten, pues, paciencia,
pues la promesa de Dios es verdadera.
Y no dejes que quienes dudan
te turben en manera alguna.

---

* Refiriéndose a Mohamed y a sus seguidores —por ello va en plural—. *(N. del T.)*

# *Luqman*

(2-11)

Éstos son los versículos
del libro de la Sabiduría,

como guía y misericordia
para los que hacen el bien:

los que observan la oración
dan limosna regularmente,
y están convencidos de la otra vida.

Ellos están guiados por su Señor;
ellos son los que prosperarán.

Pero entre los humanos están
los que inventan historietas divertidas,
en ausencia de conocimiento,
para extraviar del camino de Dios
y tomarlo a la ligera.
Para ellos existe un castigo humillante.

Y cuando se les relatan Nuestros signos,
se apartan orgullosamente,
como si no hubiesen oído,
como si tuvieran un tapón en los oídos:
anúnciales un castigo doloroso.

Sin duda, para los que tienen fe
y hacen buenas obras
habrá un jardín de felicidad,

en el que permanecerán para siempre.
La promesa de Dios es verdadera;
pues Dios es Poderoso, Omnisciente.

Dios creó los cielos
sin soportes visibles,
y puso sobre la tierra
firmes montañas
para que no tiemble con vosotros;
y diseminó por ella
toda clase de animales.
Y enviamos agua del cielo,
y propagamos así sobre la tierra
toda noble pareja.

Ésta es la creación de Dios:
mostradme, pues, qué ha creado alguien que no sea Él.
No, los impíos están en obvio error.


(12-19)


Dimos a Luqman sabiduría
de manera que estuviera agradecido a Dios.
Pues quienquiera que sea agradecido
lo es en beneficio propio.
Y si alguien es desagradecido,
bueno, Dios está libre de toda necesidad,
es digno de toda alabanza.

Luqman dijo a su hijo
por vía de amonestación:
«¡Oh, hijo mío!
¡No equipares nada a Dios!
¡La idolatría es un enorme error!

Hicimos a los humanos
responsables de sus padres
—sus madres les llevan [dentro],
socavadas y debilitadas,
y su destete toma dos años—,
de modo que estén agradecidos hacia Mí
y hacia tus padres.
A Mí será el retorno.

Pero si ambos dos *
insisten en que Me asocies
con algo que ignoras,
entonces no les obedezcas;
mas acompáñales en este mundo
con benevolencia.
Y sigue el sendero
de los que retornan a Mí:
luego volveréis a Mí
y os informaré
de lo que solíais hacer **.

¡Hijo mío! Realmente,
aunque tenga el peso
de un grano de mostaza,

---

    * Padre y madre. *(N. del T.)*
    ** El paso del singular al plural en esta aleya no es un error
de traducción, sino que se halla recogido en todas las versiones,
aunque es imposible deducirla del texto inglés. *(N. del T.)*

sea en una roca,
en los cielos,
o en la tierra,
Dios lo sacará:
pues Dios está sutilmente presente.

¡Hijo mío! Practica la oración,
prescribe lo que está bien,
prohíbe lo que está mal.
Y tolera pacientemente
cuanto te acontezca:
pues ésa es la resolución
que determina las cosas.

«Y no apartes tu rostro de la gente
con arrogancia o desprecio,
ni camines altaneramente por la tierra:
pues Dios no ama al arrogante jactancioso.

«Adopta un paso moderado en tu andar
y baja tu voz,
pues el peor de los sonidos
es el rebuzno de un asno.»


(20-30)

¿No veis todos
que Dios puso todas las cosas
en los cielos y en la tierra
a vuestro servicio,
y os ha rociado
con Sus mercedes
por fuera y por dentro.

Pero hay algunos
que discuten de Dios
sin tener conocimiento,
ni guía,
ni Libro iluminador.

Y cuando se les dice:
«Seguid lo que Dios ha revelado»,
dicen: «¡No!
Seguiremos lo que vimos
que nuestros padres practicaban.»
¿E incluso aunque fuese
que la obsesión misma les llamase
al tormento del Fuego?

Y los que someten su ser a Dios
y practican el bien
se han asido
al soporte más fiable.
Pues el resultado de todas las cosas
depende finalmente de Dios.

En cuanto a aquellos que no creen,
que su incredulidad no te apene.
Volverán a Nosotros
y les informaremos
de lo que hacían.
Pues Dios conoce bien
la naturaleza de los corazones.

Les dejamos que disfruten un poco de las cosas,
después les arrastraremos a un severo castigo.

Y si les preguntas:
«¿Quién ha creado los cielos y la tierra?»,
con seguridad dirán: «Dios.»
Di: «Toda alabanza pertenece a Dios.»
Pero la mayoría de ellos no saben.

A Dios pertenece cuanto hay en los cielos y en la tierra;
Ciertamente Dios es autosuficiente, supremamente
[digno de alabanza.
Incluso si todos los árboles de la tierra fueran plumas,
y el océano tinta, incrementado en siete océanos más,
no se agotarían las palabras de Dios:
pues Dios es infinito en poder y sabiduría.

Vuestra creación y resurrección
no son sino como el de una sola alma.
Ciertamente Dios todo lo oye y todo lo ve.

¿No ves que Dios
hace que la noche entre en el día
y hace que el día entre en la noche,
y subordinó el sol y la luna,
siguiendo cada uno su curso hasta un término fijo,
y que Dios está enterado de todo cuanto hacéis?

Esto es así porque Dios es la Verdad,
y cualquier otra cosa que invoquen es la falsedad;
y Dios es infinito en elevación y magnitud.


(31-34)

¿Acaso no ves
que los barcos surcan el océano

139

por la gracia de Dios
para mostraros Sus signos?
Ciertamente en eso hay signos
para todos los que son pacientes y agradecidos.

Y cuando las olas les cubren,
ellos invocan a Dios,
sinceros en someterse a Él.
Y cuando les dejamos
en tierra firme,
algunos de ellos se enderezan.
Y nadie niega Nuestros signos
excepto los ingratos traidores.

¡Humanos!
¡Temed a vuestro Señor!
Y tened miedo de un día
en el que ningún padre
pueda redimir
a su hijo,
ni un hijo redimir
a su padre,
en manera alguna.
Ciertamente la promesa de Dios es verdadera:
que la vida del mundo no os engañe,
y que el engaño
no os engañe sobre Dios.

Pues ciertamente es Dios
Quien sabe la hora:
y Él envía la lluvia
y conoce lo que encierra toda entraña.
Y nadie sabe

lo que ganará * mañana,
ni nadie sabe
en qué tierra morirá:
Dios es omnisciente, totalmente informado.

---

* En el sentido de «merecer». *(N. del T.)*

# Saba

(1-9)

Alabanza a Dios,
a Quien pertenece
lo que hay en los cielos
y lo que hay en la tierra,
y a Quien es debida toda alabanza
en el final definitivo.
Pues Dios es supremamente Sabio, Informado.

Dios conoce lo que penetra en la tierra
y lo que de ella sale,
y lo que desciende del cielo
y lo que a Él asciende.
Pues Dios es Misericordioso, Indulgente.

Mas los ingratos que no creen dirán:
«Nunca a nosotros nos llegará la hora.»
Di: «¡Oh, no!
Con certeza os llegará,
por mi Señor,
conocedor de lo que no se ve,
de Quien ni un átomo queda escondido
en todo el universo.
Y nada hay más pequeño que esto,
ni nada más grande,
que no esté en el Libro claro,

para que Dios recompense
a quienes tienen fe y obran el bien:
para ellos habrá perdón
y generoso sustento.»

Mas los que se esfuerzan por desacreditar Nuestros
[signos
tendrán el castigo de un doloroso castigo.

Y quienes han recibido el conocimiento ven
que lo que tu Señor te ha revelado
es la Verdad, y que ello conduce a la senda de Dios,
supremamente Poderoso,
totalmente Digno de alabanza.

Y los ingratos que no creen dicen:
«¿Queréis que os señalemos a un hombre
que os diga que cuando seáis desgarrados
y esparcidos por todas partes
seréis objeto de una nueva creación?»

«¿Ha inventado una mentira contra Dios,
o está acaso poseído?»
¡Oh, no!
Aquellos que no creen
en la otra vida
estarán en el castigo
y en el profundo extravío.

¿Acaso no ven
lo que está antes de ellos
y lo que está después de ellos
del cielo y la tierra?
Si quisiéramos,

podríamos hacer que la tierra
se los tragara,
o que un pedazo de cielo
les cayera encima.
Sin duda en esto hay un signo
para todo siervo que se vuelve a Dios*.


(22-30)


Di:
«Invocad a los que imagináis
en lugar de Dios:
no tienen un átomo de poder
en los cielos o en la tierra;
ni tienen participación en ellos,
ni ninguno es ayudante de Dios.»


Y ninguna intercesión valdrá con Dios,
salvo para quienes se les permita:
de este modo, cuando sus corazones
sean liberados del temor,
dirán:
«¿Qué dijo nuestro Señor?»
Dirán:
«La Verdad.
Y Dios
es el Altísimo,
el Grande.»

---

\* Normalmente, esta expresión «volverse a Dios» se utiliza en el sentido de «arrepentirse»; por ello, otras versiones evitan la perífrasis y prefieren para todo siervo «que se arrepiente», o para todo siervo «contrito». *(N. del T.)*

Di:
«¿Quién os proporciona el sustento
de los cielos y de la tierra?»
Di: «Dios.
Y o vosotros o nosotros
estamos en la buena dirección
o en un error manifiesto.»

Di:
«Vosotros no seréis interrogados
acerca de los pecados que cometimos,
y nosotros no seremos interrogados
acerca de lo que hagáis.»

Di:
«Nuestro Señor nos reunirá,
y entonces juzgará entre nosotros según la verdad:
pues Dios es el Juez más Sabio.»

Sí:
«Mostradme a los que habéis añadido
en asociación con Dios.
¡Imposible!
No, Dios es El Dios,
Supremo en poder y sabiduría.»

No te hemos enviado
sino a todo el género humano
llevando buenas nuevas y amonestaciones:
pero la mayoría de los humanos
no se dan cuenta.

Y dicen:
«¿Cuándo se cumplirá la promesa,
si decís la verdad?»

Di:
«Tenéis una cita
en un día que no podéis retrasar,
ni tampoco adelantar,
ni siquiera una hora.»


(31-36)


Los ingratos que se niegan han dicho:
«No creeremos
en este Recitado, ni en lo que le precedió.»
Si tan sólo pudieras ver
cuando los impíos se hallen en pie
ante su Señor,
recriminándose unos a otros.
Los que fueron menospreciados dirán a los arrogantes:
«¡Si no hubiera sido por vosotros, hubiéramos sido
[creyentes!»

Los arrogantes dirán a los menospreciados:
«¿Acaso os retuvimos de la guía
después de que os llegase?
No, vosotros fuisteis los culpables.»

Y los menospreciados dirán a los arrogantes:
«No, fue una maquinación
día y noche:
nos ordenabais negar a Dios,
y erigir ídolos iguales a Él.»
Y mostrarán aflicción
cuando vean el castigo:
Y pondremos argollas

146

en el cuello de los ingratos;
¿acaso serán retribuidos
por algo distinto a lo que hicieron?

Y nunca enviamos un amonestador a una comunidad
sin que sus miembros influyentes dijeran:
«Rechazamos aquello con lo que sois enviados.»

Y dicen:
«Nosotros poseemos más hacienda e hijos,
y no habremos de ser castigados.»

Di:
«Mi Señor prodiga o escatima
el sustento a quien Él quiere:
pero la mayoría de los humanos
no saben.»

(37-45)

No es vuestra hacienda ni vuestros hijos
lo que podrá acercaros
a la proximidad de Nuestra Presencia:
sólo los que tienen fe y obran el bien
son los que tendrán una doble recompensa,
por cuanto hayan hecho,
y estarán seguros
en las cámaras de lo alto.

Y quienes se esfuerzan por obstaculizar Nuestros signos
serán entregados al castigo.

Di:
«Mi Señor prodiga el sustento

de quien quiere
o lo escatima:
y lo que gastéis, [en limosna]
Dios lo restituirá;
pues Dios es el mejor de los proveedores.»

Un día Dios los reunirá
y entonces dirá a los ángeles:
«¿Son éstos quienes os adoraban?»

Dirán:
«¡Gloria a Ti!»
Tú eres nuestro Amigo,
no ellos.
«Mas ellos adoraban a los genios,
en quienes la mayoría de ellos creían.»

Ese día, pues,
ninguno de vosotros tendrá poder alguno
sobre ningún otro,
beneficioso o perjudicial.
Y diremos a los que obraron mal:
«Gustad el castigo del fuego
en el que no creíais.»

Y cuando se les recitan
Nuestros claros signos, dicen:
«¿Qué es él sino un hombre
que quiere apartaros
de lo que vuestros padres adoraron?»
Y dicen:
«¿Qué es esto sino una mentira inventada?»
Quienes niegan la verdad
cuando les llega dicen:
«Esto es pura magia.»

Mas no les hemos dado
Libros para que los estudiasen,
ni les hemos enviado
un amonestador antes de ti.

Y sus predecesores negaron la verdad
—y éstos no poseían una décima parte
de lo que concedimos a aquéllos—
y rechazaron así a Mis enviados;
¡y cómo fue Mi reprobación!

(46-54)

Di:
«Sólo os exhorto a una cosa:
que os pongáis ante Dios,
de dos en dos o solos,
y reflexionéis:
vuestro compañero no está loco,
sino que os advierte
frente a un doloroso tormento.»

Di:
«No os pido recompensa:
ésta es para todos vosotros.
Mi retribución incumbe sólo a Dios:
pues Dios es testigo de todo.»

Di:
«Mi Señor clama la verdad,
y percibe todos los secretos.»

Di:
«Ha llegado la verdad.
Y lo falso no crea ni resurge.»

Di:
«Si he errado,
he errado en mi propio detrimento;
mas si soy guiado,
es por la inspiración
de mi Señor para conmigo;
pues Dios está siempre a la escucha, siempre cerca.»

¡Si tan sólo pudieras ver
cuando estén sobrecogidos de temor
sin escapatoria,
y cómo serán atrapados
desde un lugar próximo!

Dirán:
«¡Sin duda creemos en Dios!»
Mas ¿cómo podrían estar receptivos
desde un lugar tan lejano,

habiendo renegado antes de Dios,
lanzando injurias sobre lo oculto
desde un lugar lejano?

Se interpondrá un obstáculo
ente ellos y lo que desean,
como ocurrió antes con sus semejantes:
en efecto, estaban en una inquietante duda.

# Ya Sin

(1-12)

Ya Sin

Por el Recitado, rico en sabiduría,

tú eres, ciertamente, uno de los Mensajeros,

en el buen camino.

Es una revelación hecha
por el Poderoso, el Misericordioso,

para que amonestes a un pueblo
cuyos antepasados no fueron amonestados
y que, por ello, no tuvieron dirección.

La palabra, ciertamente,
se ha cumplido contra la mayoría de ellos,
mas no creen.

Pues les hemos colocado argollas en el cuello,
hasta la barbilla,
de modo que sus cabezas queden erguidas:

y hemos puesto una barrera ante ellos
y una barrera detrás,
y les cubrimos
de modo que no vean.

Les da igual
que les amonestes o no:
no creerán.

Sólo puedes amonestar
a los que siguen el Recordatorio
y temen al Compasivo en secreto:
dales nuevas de perdón
y generosa y noble recompensa.

Pues resucitamos a los muertos,
y registramos sus obras
y lo que dejaron tras sí:
y tomaremos todo en cuenta
en un claro libro de ejemplos.

(13-32)

Propónles una parábola
de los compañeros de la ciudad
cuando llegaron a ella
Enviados mandados como mensajeros.

Al principio, cuando les enviamos dos,
llamaron a ambos embusteros;
entonces reforzamos a los dos
con un tercero,
y dijeron:
«Somos mensajeros enviados a vosotros.»

La gente dijo:
«No sois sino humanos como nosotros.
Y el Compasivo no revela

nada en absoluto.
Estáis sencillamente mintiendo.»

Los mensajeros dijeron:
«Nuestro Señor bien sabe que somos
mensajeros enviados a vosotros.

»Y nuestra única obligación
es una comunicación clara.»

La gente dijo:
«Vemos en vosotros un mal presagio:
si no desistís,
os lapidaremos,
y de nosotros sufriréis
un doloroso castigo.»

Los mensajeros dijeron:
«Vuestro mal presagio es cosa vuestra;
¿acaso depende de haber sido amonestados?
No, sois gentes
que excedéis todo límite.»

Entonces llegó,
de lo más apartado de la ciudad,
un hombre corriendo. Dijo:

«Seguid a quienes no os piden recompensa,
sino que son realmente guiados

»Y cómo no habría de servir
a Quien me ha creado,
y a Quien todos vosotros retornaréis?

»¿Adoptaré, acaso, otros dioses?
Si el Compasivo me deseara mal,
la intercesión de aquellos no me serviría de nada,
y no podrían salvarme.

»Por cierto, estaría en un evidente error.

»Creo en vuestro Señor:
escuchadme, pues.»

Se dijo:
«Entra en el jardín.»
Dijo:
«¡Ojalá mi pueblo supiera!,

»¡mi Señor me ha perdonado
y situado entre los honrados!»

Y no enviamos
a su pueblo después de él
ninguna legión del cielo,
pues no estábamos obligados a enviársela.

Sólo hubo un único toque: *
¡y fueron aniquilados!

¡Pobres siervos!:
cuando les llega un mensajero,
se ríen de él.

---

\* En el sentido de toque de trompeta. Otros autores han traducido por «grito», y también por «centella». Cleary utiliza el término inglés *blast*, que también podría traducirse como «explosión».
(*N. del T.*)

¿Acaso no ven
cuántas comunidades
hemos destruido antes de ellos?
A ellos no retornarán.

Y todos y cada uno,
sin falta,
comparecerán ante Nosotros.


(33-50)

Un signo para ellos
es la tierra cuando está muerta:
hacemos que reviva
y que surja de ella el grano
que comparten.

Hemos puesto en ella
huertos de datileras y viñedos,
y hemos hecho que broten en ella manantiales,

para que coman de sus frutos,
aunque sus propias manos no los hicieron:
¿no estarán, pues, agradecidos?

Gloria a Quien
creó las parejas, todas ellas,
las que la tierra produce,
las de ellos mismos,
y las que ellos no conocen.

Y un signo para ellos es la noche,
de la que sacamos el día,
quedándose en tinieblas.

Y el sol sigue el curso
en el lugar para él establecido:
ésa es la orden decretada
por el Poderoso, el Omnisciente.

Y a la luna
hemos asignado fases,
hasta que vuelve
a un fino creciente.

El sol no ha de alcanzar la luna,
ni la noche aventajar al día;
cada cual surca su órbita.

Y un signo para ellos
es que hayamos llevado a su raza
en el Arca cargada:

y les hicimos
[otras] similares,
en las que navegar.

Y si quisiéramos
podríamos anegarles
sin tener quien les socorriera,
y no serían salvados,

salvo por una misericordia Nuestra,
y como disfrute temporal.

Y cuando se les dice:
«Temed lo que está ante vosotros
y lo que viene después
para que seáis agraciados con misericordia»,

ni uno solo de los signos de su Señor
se les presentó sin que se apartaran.

Y cuando se les dice:
«Dad de lo que Dios os ha proveído»,
los que no creen dicen a los que creen:
«¿Alimentaremos a aquellos
a los que Dios podría haber alimentado si quisiera?
Os halláis simplemente en un evidente error.»

Y dicen:
«¿Cuándo se cumplirá la promesa,
si decís la verdad?»

No esperan
sino un solo toque:*
les arrebatará
en plena disputa,

de modo que no podrán
hacer testamento,
ni volver a los suyos.

(51-67)

Y sonará la trompeta
y desde las tumbas a su Señor
se precipitarán.

Dirán:
«¡Ay de nosotros!
¿Quién nos ha despertado

---

* Véase nota de la página 154. *(N. del T.)*

157

de nuestros lechos?»
Esto es lo que Dios
el Compasivo ha prometido,
pues los Profetas dicen la verdad.

Será sólo un único toque,
al que todos ellos
serán traídos juntos ante Nosotros.

Y ese día
ningún alma será defraudada en nada,
y no seréis retribuidos
sino por lo que hicisteis.

Los moradores del Jardín
serán felices en sus ocupaciones ese día;

ellos y sus esposas
estarán en la umbría
reclinados en divanes,

con toda clase de comodidades,
y lo que hayan pedido.

Paz:
una palabra de un Señor misericordioso.

Y manteneos aparte ese día,
vosotros los pecadores;

¿acaso no os ordené,
hijos de Adán,
no servir a la Obsesión,
enemigo declarado vuestro,

y servirme a Mí,
por ser una Vía recta?

Éste es el infierno,
con el que se os había amenazado:

arded hoy en él,
por haber sido ingratos.

Ese día sellaremos sus bocas,
mas sus manos Nos hablarán
y sus pies serán testigos
de lo que hayan merecido.

Y si quisiéramos,
les habríamos apagado los ojos;
y se habrían apresurado hacia el camino,
mas, ¿cómo podían ver?

Y si quisiéramos,
podríamos haberlos transformado
en el sitio,
para que no pudieran
avanzar ni retroceder.


(68-83)

Y a quien otorgamos larga vida,
les damos marcha atrás en naturaleza:
¿Es que no entenderán?

Y no le hemos enseñado poesía,
pues no es apropiada para él.

Esto no es más que un Recordatorio
y un claro Recitado,

amonestar a los vivos,
y acreditar la Palabra contra
los ingratos que no creen.

¿Acaso no han visto
que hemos creado para ellos,
de entre lo que Nuestras manos hicieron,
los rebaños que poseen?

Y los hemos hecho dóciles,
de modo que algunos les sirven de montura
y otros de alimento.

Y tienen otros usos para ellos,
incluida la leche para beber:
¿no están, pues, agradecidos?

Pero toman otros dioses
en lugar de tomar a Dios,
para poder, por ventura, ser socorridos.

No pueden socorrerles;
antes bien comparecerán
como un ejército contra ellos.

Que su discurso no te aflija,
pues sabemos lo que ocultan
y lo que revelan.

¿Acaso no ha visto el hombre que
lo hemos creado de una gota?
Sin embargo, ¡helo aquí, porfiador declarado!

Y Nos propone símiles,
olvidando su propio origen:
dice: «¿Quién puede dar vida a huesos podridos?»

Di: «Quien los creó
la primera vez
les dará vida,
pues conoce plenamente
toda naturaleza creada.

«Quien produjo el fuego
para vosotros del árbol verde,
de modo que vosotros mismos
encendéis de él el fuego.

¿Acaso Quien ha creado
los cielos y la tierra
no será capaz de crear algo semejante?»
¡Oh, sí!, pues por ello
es el Supremo Creador,
el Omnisciente.

La única orden de Dios
cuando quiere alguna cosa
es decirla: «¡Sé!»,
y es.

Gloria, pues, a Aquel
en cuya mano
está el dominio de todas las cosas,
y a Quien todos seréis devueltos.

# El hierro

(1-10)

Todo en el Universo
glorifica a Dios,
pues Dios es Poderoso, Omnisciente.

Suyo es el dominio
de los cielos y de la tierra:
Dios da vida, y Dios da la muerte;
pues tiene poder
sobre todas las cosas.

Dios es el Primero y el Último,
el Manifiesto y el Oculto:
y Dios tiene pleno conocimiento
de todas las cosas.

Dios es Quien creó
los cielos y la tierra
en seis días,
luego se instaló en el Trono.
Dios conoce lo que penetra en la tierra
y lo que sale de ella;
lo que desciende del cielo
y lo que asciende a él.
Dios está con todos vosotros
dondequiera que os encontréis:
y Dios ve lo que hacéis.

Suyo es el dominio
de los cielos y de la tierra:
y todos los asuntos
volverán a Dios.

Dios hace que la noche entre en el día,
y que el día entre en la noche;
y Dios sabe
lo que se halla en todos los corazones.

Creed en Dios
y en Su Enviado,
y gastad de lo que
Nosotros os hicimos herederos:
pues aquellos de entre vosotros
que creen y que gastan [en limosnas]
tendrán una gran recompensa.

¿Qué os ocurre
que no creéis en Dios
y en el Mensajero
que os invita
a creer en vuestro Señor?
Pues Dios ya ha tomado vuestro pacto
si sois fieles creyentes.

Es Dios Quien revela
a Su siervo
signos evidentes
para sacaros
de las tinieblas a la luz.
En verdad Dios es
benévolo y misericordioso con vosotros.

Y ¿qué os ocurre
que no gastáis en la causa de Dios,
aunque a Él pertenece la herencia
de los cielos y de la tierra?
No serán iguales entre vosotros
los que gastaron y combatieron
antes de la victoria:
gozarán de mayor dignidad
que quienes gastaron y combatieron después de ella.
Mas a todos Dios ha prometido lo mejor;
pues Dios está plenamente al tanto
de todo lo que hacéis.


(11-19)


¿Quién será el que haga
un préstamo generoso a Dios?:
a él Dios se lo redoblará
y tendrá una noble recompensa.

Un día verás
a los creyentes y a las creyentes
con su luz fluyendo ante ellos
y a su diestra:
«Buenas nuevas hoy para vosotros:
un Jardín
bajo el que fluyen ríos,
en el que moraréis eternamente.»
Ése es el Éxito Mayor.

Un día los hipócritas, hombres y mujeres,
dirán a los fieles creyentes:
«Esperadnos,

que podamos tomar
de vuestra luz.»
Se les dirá:
«Volveos atrás
para buscar luz»,
al tiempo que se levantará un muro
entre ellos y ésta,
con una puerta,
tras la que estará la misericordia;
y afuera, frente a ella,
el tormento.

Les llamarán:
«¿No estábamos con vosotros?»
Dirán:
«¡Claro que sí!, mas
os sedujisteis a vosotros mismos,
permanecisteis a la espera y dudasteis,
y los deseos os engañaron,
hasta que llegó la orden de Dios,
y el Engañador os engañó
acerca de Dios.

»Hoy, pues, ningún rescate
será aceptado de vuestra parte,
ni de los ingratos que no creyeron.
Vuestro lugar es el fuego;
ése es vuestro señor,
¡qué miserable destino!»

No ha llegado el tiempo
para aquellos que creen
de que humillen sus corazones
al recuerdo de Dios

y lo que Dios reveló* de la Verdad,
y de que no sean como aquellos
a quienes se les entregó antes el Libro,
pero a los que el tiempo se les hizo tan largo
que sus corazones se endurecieron,
siendo muchos de ellos depravados.

Sabed que Dios vivifica la tierra
después de muerta:
Os hemos clarificado los signos
para que pudierais entenderlos.

A los hombres que dan limosna
y a las mujeres que dan limosna
y hacen un préstamo generoso a Dios,
les será multiplicado,
y noble será su recompensa.

Y quienes creen en Dios
y en Sus Mensajeros
son los veraces
y los testigos
en presencia de su Señor
Recibirán su recompensa

---

* Literalmente, «hizo descender». En ésta y otras ocasiones hemos traducido por «revelar», evitando la perífrasis literal, que han preferido otros traductores que han seguido el texto original sin apenas adptaciones al lenguaje moderno, como Rafael Cansinos Assens (*El Korán,* Aguilar Ediciones, Madrid 1951, 1973). La traducción de Cansinos tiene el mérito, además de ser la primera traducción al castellano directa del árabe (perdida la traducción que se hizo en el siglo XV el converso Juan Andrés de Játiva), de recuperar un rico vocabulario de voces arábigas, todavía vigentes en el lenguaje popular de muchos pueblos de la Península. *(N. del T.)*

y su iluminación\*.
Y quienes no creen
y rechazan Nuestros signos
son los condenados al fuego del infierno.


(20-25)

Sabed que la vida del mundo
no es sino diversión y distracción,
ostentación y competición en pos de gloria entre
[vosotros,
y afán de más y más hacienda e hijos.
Es como el ejemplo de la lluvia:
la vegetación [que produce] complace a los labradores,
luego se agosta, y la ves amarilla;
después se convierte en paja.
Y al final
habrá un severo castigo,
o perdón de Dios
y aceptación.
¿Y qué es la vida del mundo
sino materia de ilusión engañosa?

Emulaos en obtener el perdón
de vuestro Señor,
y un Jardín
vasto como el cielo y la tierra,

---

\* En el sentido de «luz», que es la palabra que emplean la mayoría de los traductores. Cleary ha empleado el término inglés *illumination* y no la palabra *light* que utiliza en otros versículos de esta misma sura. No tiene nada que ver con el sentido budista de Iluminación, cuyo término inglés es *Enlightenment*. (*N. del T.*)

preparado para los que creen
en Dios y en Sus Enviados;
ésa es la gracia de Dios
concedida a quien Él quiere.
Pues Dios es la Gracia por excelencia.

Ninguna desgracia acaecerá
en la tierra o en vuestras almas
que no esté en el Libro
antes de que lo creásemos.
En verdad esto es fácil para Dios,
para que no desesperéis
por lo que se os ha escapado,
ni os regocijéis
de lo que os ha llegado.
Pues Dios no ama
al arrogante jactancioso,

a los que son avaros
e incitan a otros a la avaricia.
Y cualquiera que se aparte,
sepa que Dios es Quien se basta a Sí Mismo,
el Digno de toda alabanza.

Hemos mandado a Nuestros enviados
con clarificaciones:
y hemos enviado con ellos
el Libro y la Balanza,
para que los humanos se rijan por la justicia.
Y enviamos el hierro,
que encierra una violenta fuerza,
y beneficios para la humanidad,
para que Dios pueda conocer
quién Le asistirá

a Él y a Sus Enviados,
aunque nadie les vea.
En verdad Dios es fuerte, poderoso.


(26-29)

Y enviamos a Noé y a Abraham,
y establecimos entre sus descendientes
la profecía y el Libro,
de modo que algunos fueron guiados;
pero muchos de ellos fueron depravados.

Después mandamos a otros Enviados Nuestros
para seguir sus huellas:
enviamos a Jesús hijo de María,
a quien dimos el Evangelio;
e infundimos compasión y misericordia
en los corazones de quienes le siguieron.
Mas el monacato
que ellos mismos inventaron
no se lo prescribimos:
sólo deseando complacer a Dios.
Pero no lo observaron
como debía haber sido observado.
Mas dimos a quienes
de entre ellos creyeron
su recompensa;
aunque la mayoría de ellos son prevaricadores.

Fieles creyentes,
sed temerosos de Dios,
y creed en Su Mensajero:
Dios os dará doble porción

de Su misericordia,
y os proporcionará una luz
con la que caminar;
y Dios os perdonará.
Pues Dios es el compendio
del perdón y la misericordia:

para que la gente del Libro
sepa que no tiene poder
sobre nada respecto a la gracia de Dios;
y que la gracia
está en manos de Dios,
que la da a quien quiere.
Pues Dios posee la Gran Gracia.

# Los genios

(1-19)

Di: «Se me ha revelado
que un grupo de genios escuchaban
y decían: "¡Hemos oído un Recitado maravilloso!

"Conduce a la verdadera dirección,
por lo que creemos sin duda en él;
y no equipararemos a nadie
con nuestro Señor.

"Y exaltada sea la majestad de nuestro Señor,
que no ha tomado esposa ni hijo.

"Y los locos entre nosotros solían proferir
solemnes mentiras contra Dios;

"pero pensamos que ningún humano ni espíritu
hablarían con falsedad de Dios.

"Mas había humanos
que se refugiaron en los genios;
pero esto aumentó su locura.

"Y llegaron a suponer,
como hicisteis vosotros,
que Dios no resucitaría a nadie.

"Y hemos palpado los secretos del cielo,
pero lo hemos encontrado lleno
de guardianes severos
y de centellas.

"Y solíamos sentarnos
en algunos de sus asientos para escuchar:
mas quienquiera que escuche ahora
encontrará una centella
aguardándole.

"Y no sabemos si se quiere el mal
para los habitantes de la tierra;
o si su Señor quiere para ellos buena dirección.

"Y algunos de nosotros son buenos,
y algunos no lo son:
estamos en caminos divergentes.

"Y nos consideramos incapaces
de escapar de Dios en la tierra;
ni podemos escaparnos de Dios huyendo.

"Y cuando oímos la Guía,
creímos en ella:
y quienquiera que crea en su Señor
nunca será defraudado
ni será oprimido.

"Y entre nosotros los hay que se someten a Dios
y algunos que actúan injustamente.
Los que se someten a Dios
siguen la buena dirección;

"mientras que quienes actúan injustamente
son pasto del fuego del infierno."»

Y [di] que si ellos
se hubieran mantenido en la Vía recta,
les habríamos dado
abundancia de agua,

para probarles con ello.
Y quienquiera que se aparte
de la mención de su Señor,
Dios le enviará un duro tormento.

Y [di] que las casas de culto
son para el único Dios,
no invoquéis, pues, a nadie
junto a Dios;

Y que cuando el siervo de Dios
se levantó para invocarle,
casi llegaron a asfixiarle

(20-28)

Di: «Sólo invoco a mi Señor,
a quien no asocio a nadie.»

Di: «No tengo poder en mí
para haceros mal o guiaros bien.»

Di: «Nadie puede librarme de Dios,
y no encontraré refugio fuera de Él,

»excepto comunicar acerca de Dios
y de Sus mensajes.
Y para quienquiera que desobedezca
a Dios y a Su enviado,
estará el fuego del infierno,
en donde permanecerá para siempre»,

hasta, he aquí, que vean
lo que se les había prometido:
entonces sabrán
quién es más débil en defensores
y quién es menor en número.

Di: «No sé
si lo que se os ha prometido está cercano,
o si mi Señor le ha asignado un tiempo lejano,

»Conocedor de lo oculto:
Dios no revela
Su misterio oculto
a nadie en absoluto,

»excepto a un Mensajero
que Le place;
y Dios envía observadores
delante y detrás de él,

»para saber
si ha transmitido
los mensajes de su Señor.
Y Dios abarca
todo lo que está con ellos,
y toma en cuenta
cada simple cosa.»

# Los enviados

(1-40)

Por los que son enviados suavemente,

y después braman tempestuosamente;*

por los que diseminan un aviso,

después establecen la distinción

y lanzan el recordatorio

como justificación o advertencia:

lo que se os promete
sin duda alguna se cumplirá.

Esto será cuando las estrellas se extingan

y cuando el cielo se hienda,

y cuando los montes sean reducidos a polvo,

---

* Al no estar explicitado quién o qué es lo enviado, algunas traducciones han incluido en el texto «los vientos». Los intérpretes dudan de si son los ángeles, las aleyas, o las nubes cargadas de lluvia, nombres todos ellos femeninos en árabe, ya que el texto original dice «las enviadas». (N. del T.)

y cuando los Enviados
sean emplazados.

¿Hasta qué día se difiere todo esto?

Hasta el día del juicio.

¿Y qué es lo que te hará saber
cuál es el día del juicio?

¡Ay, ese día, de aquellos
que rechazaron la verdad como mentira!

¿Acaso no aniquilamos
pueblos de los primeros tiempos?

Luego hicimos que otros les siguieran:

así haremos con los pecadores.

¡Ay, ese día, de aquellos
que rechazaron la verdad como mentira!

¿Acaso no os creamos a todos vosotros
a partir de un vil fluido,

que depositamos
en un receptáculo seguro

por un plazo determinado?

Pues hemos determinado plazos,
siendo el mejor dador de orden.

¡Ay, ese día, de aquellos
que rechazan la verdad como mentira! *

¿No hemos hecho de la tierra
un lugar de reunión

para los vivos y para los muertos?

¿Y no hemos puesto en ella elevadas montañas,
y no os hemos dado agua dulce para beber?

¡Ay!, ese día, de aquellos
que rechazan la verdad como mentira!:

«Continuad yendo hacia
lo que solíais negar como falso:

id a la sombra trifurcada

que no da sombra
y no sirve contra el fuego

que arroja chispas grandes como alcázares,

como una manada de camellos amarillentos.»

¡Ay, ese día, de aquellos
que rechazan la verdad como mentira!

ése será el día
en que sus lenguas amanecerán enmudecidas

---

* En las demás versiones se traduce literalmente por «los des-
mentidores», «los incrédulos» o «los embusteros», refiriéndose a
los que desmintieron el mensaje del Profeta. (N. del T.)

y no se les permitirá poner disculpas.

¡Ay, ese día, de aquellos
que rechazan la verdad como mentira!

Ese será el día del juicio,
en el que os congregaremos a todos vosotros
a todos los que os precedieron.

Así, si disponéis de alguna artimaña,
¡empleadla contra Mí!

¡Ay, ese día, de aquellos
que rechazan la verdad como mentira!


(41-50)

En cuanto a los justos,
se hallarán en medio
de sombras y manantiales,

y [tendrán] cuanta fruta deseen:

«Comed y bebed,
como provecho y beneficio,
por lo que habéis hecho.»

Así recompensamos ciertamente
a quienes obran el bien.

¡Ay, ese día, de aquellos
que rechazan la verdad como mentira!

«Comed y disfrutad un poco [aún]:
sois verdaderos pecadores.»

¡Ay, ese día, de aquellos
que rechazan la verdad como mentira!

Cuando se les dice:
«Prosternaos»,
no se prosternan.

¡Ay, ese día, de aquellos
que rechazan la verdad como mentira!

¿En qué relato después de esto
entonces creerán?

# El Altísimo

(1-19)

Glorifica el nombre de tu Señor,
el Altísimo,

que ha creado
y dado forma armoniosa,

que ha dirigido
y guiado,

que ha hecho brotar el pasto

y lo convierte en oscuro heno.

Te haremos recitar
para que no olvides

salvo lo que Dios quiera.
Pues Dios conoce lo patente
y lo escondido.

Y te haremos asequible
lo más fácil:

recuerda, pues,
si el recordatorio es de utilidad.

El que teme a Dios será recordado,

pero el más réprobo se apartará,

entrará en el gran fuego,

donde ni vivirá ni morirá.

Bienaventurados quienes
se han purificado

y recuerdan el nombre de su Señor
y oran.

Mas vosotros preferís la vida del mundo,

aunque la Otra Vida es mejor
y más duradera.

Por cierto, esto se encuentra
en los libros de los antiguos,

los libros de Abraham y de Moisés.

# El rayar del alba

(1-5)

Por el rayar del alba

y las Diez Noches,

por lo Par y lo Impar,

y la noche cuando transcurre:

¿hay en esto un juramento
para los que comprenden?


(14-30)

Tu Señor está ciertamente al acecho:

en cuanto a los humanos,
cuando su Señor los prueba
honrándoles y agraciándoles,
dicen:
«¡Mi Señor me ha honrado!»

Y cuando su Señor los prueba
restringiéndoles el sustento,
entonces dicen:
«¡Mi Señor me ha despreciado!»

¡Oh, no!
Pero vosotros no honráis a los huérfanos

ni os estimuláis entre vosotros para alimentar a los
[pobres;

y devoráis la herencia
con ávida glotonería,

y amáis las riquezas
con amor desmesurado.

¡Oh, no!
Cuando la tierra sea pulverizada,
reducida a polvo,

y llegue tu Señor,
con los ángeles
línea tras línea,
en desfile,

y ese día
sea mostrado el infierno:
ese día
los humanos recordarán,
¿mas de qué les valdrá recordar?

Dirán:
«¡Ojalá me hubiera
preparado para mi vida!»

Porque ese día
nadie podrá infringir
el castigo de Dios,

y nadie podrá atar
con las ataduras de Dios.

¡Oh, alma!,
en satisfecha paz,
vuelve a tu Señor,
complacida y aceptada.

Reúnete en compañía de Mis siervos,

y entra en Mi Jardín.

# La ciudad

EN EL NOMBRE DE DIOS, EL COMPASIVO,
EL MISERICORDIOSO

(1-20)

Juro por esta ciudad

—de la que eres habitante libre—

y por el engendrador y el engendrado;

ciertamente hemos creado a los humanos en la dificultad.

¿Acaso creen que nadie tiene poder sobre ellos?

Dicen que han gastado gran fortuna;

¿acaso piensan que nadie les ve?

¿No les hemos dado dos ojos,

una lengua y dos labios?

Y les hemos dispensado
las dos vías principales.

Mas no han emprendido
el camino inclinado.

¿Y qué te hará saber
qué es el camino inclinado?

Liberar un esclavo,

o alimentar en tiempo de hambre

a un pariente huérfano

o a un pobre en la miseria.

Entonces serán de los que creen,
se recomiendan la paciencia recíproca,
y se exhortan a la misericordia mutua:

se contarán entre los que están a la Diestra.

Mas aquellos que rechazan Nuestros signos
se contarán entre los que están a la Siniestra:

sobre ellos habrá una bóveda de fuego.

# La noche

EN EL NOMBRE DE DIOS, EL COMPASIVO,
EL MISERICORDIOSO

(1-21)

¡Por la noche cuando está oscura,

y por el día cuando hay luz,

y por la creación de macho y hembra!,

que vuestros esfuerzos en verdad son diferentes.

En cuanto a los que dan
y son justos

y creen en lo bueno y virtuoso,

les facilitaremos la dicha.

En cuanto a aquellos que son avaros
y complacientemente satisfechos

y rechazan lo bueno y virtuoso,

les facilitaremos la desgracia.

Y su riqueza no les aprovechará
cuando caigan.

Pues la guía Nos incumbe

y Nuestras son la otra vida y la de este mundo.

Os advierto, pues, a todos de un feroz fuego ardiente:

nadie entrará en él excepto los infames,

que rechazan la verdad y se desvían.

Pero los más justos se librarán de él,

los que dan sus bienes para purificarse,

sin hacer ningún favor
para ser recompensados,

sino con el único deseo de aceptación
por parte de su Señor, el Altísimo,

Quien ciertamente quedará complacido.

# La mañana

EN EL NOMBRE DE DIOS, EL COMPASIVO,
EL MISERICORDIOSO

(1-11)

¡Por la mañana, brillante,

y por la noche
cuando reina la oscuridad y la calma!

tu Señor no te ha abandonado
ni aborrecido.

Sin duda la otra vida será mejor para ti
que la anterior.

Y tu Señor te dará ciertamente
y quedarás satisfecho.

¿No te encontró Dios huérfano
y te proporcionó refugio?

¿Y no te encontró errante
y te guió?

¿Y no te encontró necesitado
y te enriqueció?

No oprimas, pues, al huérfano,

ni rechaces al que solicita.

Y divulga la bondad de tu Señor.

## La expansión

EN EL NOMBRE DE DIOS, EL COMPASIVO,
EL MISERICORDIOSO

(1-8)

¿No te hemos
expandido el pecho? *

¿No te hemos librado
de la carga que agobiaba tu espalda?

¿Y no hemos enaltecido tu reputación?

Pues el verdadero alivio llega con la desgracia;

ciertamente, con la desgracia llega el alivio.

Así pues, cuando hayas acabado
manténte diligente,

y permanece atento
a tu Señor.

---

* Podría traducirse, en una versión más libre, por «infundir ánimo» (J. Cortés) o «sosegar» (A. Abboud) o «abrir el corazón» (J. García Bravo). Cleary ha preferido el verbo inglés *to expand*. Según la leyenda, siendo Mohamed niño, dos ángeles le abrieron el pecho y extrajeron una mancha negra del corazón, purificándolo. (*N. del T.*)

# ¡Recita!

(1-19)

Recita,
en el nombre de tu Señor
que creó [todo]:

que creó a los humanos
de un coágulo de sangre.

Recita,
pues tu Señor es el más generoso,

que enseñó por medio de la pluma, *

enseñó a los humanos
lo que no conocían.

¡Oh, no!
La humanidad va demasiado lejos

considerando que puede bastarse a sí misma:

pero el retorno será hacia tu Señor.

---

* Cleary ha optado por este modernismo, ya que el término original *(kalen)* sería el cálamo, hecho de caña y que se utilizó para escribir desde el Antiguo Egipto hasta la Edad Media, en que fue sustituido por las plumas de ave. *(N. del T.)*

¿Has visto al que prohíbe

al siervo orar?

¿Ves que siga la guía

o que dirija a otros a ser justos?

¿Ves si rechaza la verdad y se desvía?

¿Acaso no sabe que Dios ve?

¡Oh, no!
Si no desiste,
le agarraremos por el copete,

un copete mentiroso, pecador.

Que llame entonces a sus secuaces:

Llamaremos a los guardianes del infierno.

¡Oh, no!
No le obedezcas:
prostérnate y acércate a Dios.

# La noche del poder

(1-5)

En verdad hemos revelado esto [el Corán]
en la Noche del Poder.

¿Y qué te hará saber
qué es la Noche del poder?

La Noche del Poder es mejor
que mil meses:

los ángeles y el Espíritu descienden en ella,
por permisión de su Señor,
para disponerlo todo.

Hay Paz:
hasta el despuntar del alba.

# El terremoto

(1-8)

Cuando la tierra tiemble
por su terremoto,

y la tierra vomite
sus fardos,

y la gente diga:
«¿Qué le ocurre?»,

ese día relatará sus noticias,

que tu Señor le ha inspirado.

Ese día los humanos
comparecerán divididos
para que se les muestren sus obras.

Así, quienquiera que haya hecho
un átomo de bien
lo verá.

Y quienquiera que haya hecho
un átomo de mal
lo verá.

# Las yeguas al galope *

(1-11)

¡Por las yeguas al galope jadeantes

que hacen saltar chispas de fuego,

yeguas galopantes al amanecer,

que dejan tras sí una polvareda,

arrojadas en medio de una multitud!

Los humanos sin duda
son ingratos para con su Señor,

y son, por cierto, testigos de ello,

y son vehementes, por cierto, en su amor de bienes.

¿Ignoran acaso
que cuando lo que hay en las tumbas sea esparcido

---

\* Gran parte de las versiones titulan esta sura «Los corceles», aunque el original árabe *Al-Adiyat* literalmente sería «Las que galopan», opción de J. Vernet, podría referirse igualmente a camellas. Cleary ha especificado *The Charging Mares*, que literalmente podría traducirse como «yeguas a la carga» o «de batalla», basándose en las primeras cinco aleyas. *(N. del T.)*

195

y revelado lo que hay en los corazones,

su Señor todo lo sabrá, sin duda, sobre ellos
ese día?

## La Calamidad*

EN EL NOMBRE DE DIOS, EL COMPASIVO,
EL MISERICORDIOSO

(1-11)

¡La Calamidad!

¿Qué es la Calamidad

y qué te hará conocer
lo que es la Calamidad?

El día en que los humanos
sean como polillas dispersas,

y los montes como lana cardada.

En cuanto a aquellos
cuyas obras pesen en la balanza,

disfrutará de una vida placentera;

en cuanto a aquellos
cuyas obras sean livianas en la balanza,

su lugar será un abismo.

---

\* En muchas versiones se titula «El golpe», ya que originalmente *al quaria* significa el movimiento que se hace al echar los
dados para decidir la suerte. *(N. del T.)*

¿Y qué te hará conocer
lo que es?

Un fuego ardiente.

# El afán creciente

(1-8)

El afán creciente
os distrae

hasta que vais a la tumba.

Pero ya sabréis;

ciertamente, por el contrario,
sabréis.

Mas si superáis
con ciencia cierta,

sin duda veríais el fuego del infierno

y lo veríais
con el ojo de la certeza.

Después, seréis interrogados
sobre las delicias ese día.

# La época

EN EL NOMBRE DE DIOS, EL COMPASIVO,
EL MISERICORDIOSO

(1-3)

¡Por la época!,

la Humanidad está por cierto en la perdición,

salvo aquellos que tienen fe
y practican buenas obras,
se recomiendan la verdad y la justicia*
recíprocamente
y se recomiendan la paciencia
mutuamente.

# El difamador

(1-9)

¡Ay de todo el difamador detractor,

que amase riquezas
y las acumule,

imaginándose que su riqueza
le hará perdurar!

¡Por cierto que no!
Será precipitado
en el Confractorio\*.

¿Y qué te hará conocer
qué es el Confractorio?

Es el fuego de Dios encendido,

que devora los corazones.

En verdad formará una cubierta sobre ellos

en columnas apiladas.

---

\* Hemos sustantivado el verbo «confractar» —romper en pedazos—, lo mismo que Cleary ha sustantivado el adjetivo *shattering* —demoledor— para referirse a uno de los nombres del infierno, *al-hotama* o *hutama*, como lugar en donde todo lo que se eche es triturado. *(N. del T.)*

# Los elefantes

EN EL NOMBRE DE DIOS, EL COMPASIVO,
EL MISERICORDIOSO

(1-5)

¿No has visto lo que tu Señor
hizo con los de los elefantes? *

¿No desbarató Dios su artimaña,

enviando bandadas de pájaros contra ellos,

que descargaron sobre ellos
piedras de arcilla cocida?

Esto les dejó como tallos de cereal desgranados
cuyas espigas han sido consumidas.

---

\* En las demás versiones consultadas viene en singular «el elefante» y «los del elefante». Cleary, en la nota referente a este capítulo, pone el plural entre corchetes. (N. del T.)

# Los coreichitas

EN EL NOMBRE DE DIOS, EL COMPASIVO,
EL MISERICORDIOSO

(1-4)

En cuanto al pacto de los coreichitas,

su cooperación durante los días
de invierno y verano,

que sirvan al Señor de esta casa,

que les alimenta contra el hambre
y les da seguridad frente al temor.

# Lo necesario*

EN EL NOMBRE DE DIOS, EL COMPASIVO,
EL MISERICORDIOSO

(1-7)

¿Ves al que rechaza la religión?

Es el mismo que repele al huérfano

y no anima [a nadie] a alimentar a los pobres.

Así, ¡ay de los que oran

sin prestar atención a sus plegarias;

que aparentan orar

pero privan [de lo necesario] a los menesterosos!

---

    * Muchos comentarios traducen la palabra árabe *ma'un* como *zekat* —limosna legal, diezmo—, de ahí que en algunas versiones esta sura lleve el título de «La asistencia», «La ayuda» o incluso «La limosna». También se titula «El din» —la religión—. *(N. del T.)*

# La ayuda

## EN EL NOMBRE DE DIOS, EL COMPASIVO, EL MISERICORDIOSO

(1-3)

Cuando llegue la ayuda de Dios
y la victoria,

y hayas visto a la gente
entrar en la religión de Dios en tropel,

alaba a tu Señor
y pide el perdón de Dios:
pues Él es indulgente.

* En todas las demás versiones consultadas no se ha traducido el nombre propio de Abu Lahab, al que se refiere esta sura. De ahí que el título de la misma también difiera según las versiones: «Abu Lahab», «Las fibras», «El esparto», o incluso la primera palabra de la primera aleya «¡Perezcan!» Véase nota de Cleary correspondiente. (N. del T.)

# La llama

(1-5)

¡Perezcan las manos del inflamado *
y perezca él!

Su hacienda no le enriquece
ni le vale de nada.

Arderá en un fuego ardiente,

con su mujer acarreadora de la leña,

a su cuello una cuerda de fibras.

---

* En todas las demás versiones consultadas no se ha traducido
el nombre propio de Abu Lahab, al que se refiere esta sura. De ahí
que el título de la misma también difiera según las versiones: «Abu
Lahab», «Las fibras», «El esparto», o incluso la primera palabra de
la primera aleya «¡Perezcan!» Véase nota de Cleary correspondiente. *(N. del T.)*

# La verdad pura

(1-4)

Di:
«Es Dios, Único,*

Dios el Sempiterno.

Dios no ha engendrado
ni ha sido engendrado.

Y nada en absoluto hay
igual a Dios.»

---

\* En respuesta a la pregunta de los judíos a Mohamed para
que les describiera su Dios y sus atributos, de quién había heredado
su divinidad y a quién se la hacía heredar. *(N. del T.)*

# El alba

(1-5)

Di:
«Me refugio
en el Señor del alba

del mal
de lo que esto creó,*

y del mal
de la oscuridad cuando se extiende,

y del mal
de las maldiciones,

y del mal del envidioso
cuando envidia.»

---

* Traducción literal de Cleary, explicada en la nota correspondiente a esta aleya. Otras versiones prefieren explicitar: «Del mal que hacen sus criaturas» (J. Cortés). (*N. del T.*)

# La Humanidad*

(1-6)

Di:
«Me refugio
en el Señor de la Humanidad,

el Soberano de la Humanidad,

el Dios de la Humanidad,

del mal de la sugestión insidiosa

que susurra en los corazones humanos,

procedente de genios y humanos.»

---

\* Cleary ha evitado casi siempre emplear la palabra «hombres» *(men)* para referirse al género humano. Casi siempre ha empleado el término *humankind*, que hemos traducido por «la Humanidad» o «los humanos», según el contexto. Las versiones consultadas titulan esta sura «Los hombres». *(N. del T.)*

# Notas

## La apertura (al Fatiha) * (Capítulo 1)

«La apertura» se compara a veces con la Oración de Jesús, en lo que respecta a su popularidad. Se dice que el mismo Profeta declaró La apertura como el mejor capítulo del Corán. Sus siete versos constituyen las líneas más frecuentemente repetidas del Corán, e introducen algunos de los atributos más frecuentemente utilizados de Dios.

2 «Alabanza a Dios» (*al fiando l l La*) [Cleary dice literalmente «Toda alabanza pertenece a Dios» o «De Dios es la alabanza», que otras versiones traducen «Loa a Dios»]: El artículo definido sirve aquí para hacer una afirmación categórica; como origen de todo lo que existe, sólo Dios es fundamentalmente digno de alabanza. La alabanza es un aspecto de la gratitud que, según Al-Ghazali constituye la mitad del «camino directo» hacia Dios.

---

* En la transcripción de los términos árabes de estas notas hemos seguido, en general, la grafía de Cleary —procurando eliminar los anglicismos, en especial las vocales dobles cuando se trata de la grafía peculiar para su pronunciación en inglés—. No así en la de las notas de traductor, que hemos seguido generalmente las de Joaquín García Bravo, Julio Cortés y Ahmed Abboud/Rafael Castellanos. *(N. del T.)*

211

«Señor de todos los mundos» (*Rabbi l !alamina*): La palabra «Señor» procede de la raíz R-B-B, cuyo verbo primitivo significa ser dueño, ser señor, tener posesión de, controlar, tener mando o autoridad sobre. La palabra «mundo», que en plural con artículo definido significa universo o cosmos, procede de la misma raíz que «conocimiento» y «signo distintivo» (!-L-M), hecho de gran interés desde el punto de vista de la filosofía budista de *vijnaptimatrata*, o «sólo representación», que significa que el mundo tal como lo conocemos consiste en representaciones, o construcciones mentales. El gigante sufí Muhiyuddin Ibn al Arabi también escribió en su *Fuhus al Hikam* que el universo creado es esencialmente imaginación.

3  «El Compasivo, el Misericordioso» (*R-Rahman R-Rahim*): Estos nombres de Dios son derivados de la raíz R-H-M, que sugiere compasión y misericordia. He traducido el artículo definido para indicar que Dios se caracteriza por ser el compendio de estas cualidades, cuyas formas más intensas remiten a la exaltación de Dios infinitamente más allá de las correspondientes cualidades humanas o, subjetivamente, a la elevación de la contemplación de la perfección ideal de Dios. Compasión y Misericordia hacen referencia a aspectos universales y particularizados de la bondad divina. Al-Ghazali destaca el hecho de que el Corán comience con la mención a los atributos de compasión y misericordia de Dios, atributos que, afirma, necesitan intrínsecamente todos los demás atributos de Dios y, por ello, se mencionan en el Corán en primer lugar. La «compasión» universal de Dios es la razón de la existencia de todas las cosas; la «misericordia» particularizada de Dios es la manifestación providencial de la bondad de la fuente del ser.

6  «Muéstranos el camino recto» (*ihdina as sirat al mustaquim*): La palabra «recto», *mustaqim*, procede de la raíz Q-W-M, que en su forma primitiva tiene acepciones

como permanecer derecho, lograr, realizar. *Mustaqim*, participio activo de la octava acepción de esta raíz, tiene los siguientes matices: derecho, recto, correcto, firme, en orden, llano, regular, simétrico, proporcionado, armonioso, honrado, franco, virtuoso, íntegro: deben leerse todos estos sentidos en la expresión «camino recto», tal como se utiliza en el Corán.

## La vaca (al Baqara) (Capítulo 2)

La revelación de «La Vaca» comenzó durante el primer año de la emigración del Profeta a Medina y fue completada casi al final de su misión

2  «Este libro, sin duda, es una guía para los justos...» También puede leerse: «Éste es El Libro, sin duda alguna, que contiene guía...»

«Justos» (*muttaqina*): Procede de la raíz W-Q-Y, cuyo significado original es guardar, preservar, salvaguardar, proteger. *Muttaqina* procede de la octava acepción de la raíz y quiere decir tener cuidado, ser cauteloso, estar alerta, protegerse, y temer la cólera de Dios. He utilizado la palabra *conscientious* [traducido como «justos» en el sentido bíblico de temerosos de Dios] para reproducir en muchas ocasiones estas acepciones, porque su significado original combina muy bien estas ideas y porque esta palabra se ha debilitado tanto en su utilización contemporánea que la conexión entre la obligación hacia Dios y la obligación hacia la humanidad ya no está clara y necesita ser revitalizada, utilizando la palabra de tal manera que pueda devolvérsele su significado y fuerza original. En las demás ocasiones, dependiendo de las circunstancias concretas, también he utilizado las expresiones «reverentes hacia Dios» y «temerosos de Dios», para representar las mismas acepciones de la misma raíz, pero no creo que estas expresiones sean completas o suficientemente convincentes en el idioma actual para garantizar el no perder la oportunidad de restaurar el sentido pleno del término «justos», mediante su utilización adecuada, al traducir pasajes del Corán al inglés [castellano] moderno.

3 «Aquellos que creen en lo invisible»: Una de las manifestaciones de la arrogancia humana es creer que nuestro conocimiento corresponde a la realidad, dar por sentado que no existe sentido o valor más allá de nuestra concepción o saber. En la tradición musulmana se dice que el acto de confesar «Dios lo sabe mejor» (o «Dios sabe más») es en sí mismo parte del conocimiento; el darse cuenta de la insignificancia del conocimiento humano en relación con el conocimiento divino constituye una especie de profunda humildad que ayuda al caminante a superar las limitaciones de la autorreflexión humana y le eleva al reflejo sobre Dios y, en última instancia, a la reflexión sobre Dios.

«Que practican con constancia la oración»: La palabra *yuqimu* —practican constantemente— también procede de la raíz Q-W-R a la que hemos hecho referencia previamente. Aquí el verbo proviene de la cuarta acepción de la raíz, que incluye sentidos como enderezar, poner en orden, resucitar, invocar el ser, empezar, animar, celebrar, persistir, ocuparse constantemente en algo. La oración es uno de los pilares del islam, una parte esencial de la vida interna y externa, una manera de limpiar regularmente el espíritu de las preocupaciones mundanas y de hacer revivir el recuerdo de la realidad esencial.

«Y dan de aquello que Nosotros les hemos dispensado»: El pensamiento islámico reconoce con agradecimiento el privilegio de disfrutar de las buenas cosas de este mundo; la responsabilidad de compartir las bendiciones forma parte del patrón natural de este fenómeno. Es por esto por lo que se habla incluso de las buenas cosas como de una prueba o un test para la humanidad. El antiguo clásico chino *I Ching* dice: «Los de arriba aseguran sus hogares mediante la bondad hacia los de abajo.»

4 «En lo que te ha sido revelado»: Aquí, «te» se refiere a Mohamed el Profeta y también, en general, a los que se ponen en contacto con el Corán. En consecuencia, «lo que fue revelado con anterioridad a ti» se refiere a anteriores revelaciones, como la Tora y el Evangelio. Hay que señalar, no obstante, que el Evangelio, en el sentido de la revelación confiada a Jesús, al que el Corán se refiere como *Injil*, no se considera exactamente idéntico al Nuevo Testamento cristiano como un todo, ni a los Cuatro Evangelios tal como se encuentran actualmente en la Biblia cristiana.

«La Otra Vida» (*al'Akhira*): o «El Final». Se refiere a la toma de cuentas y recompensa finales. Estas experiencias, incluidas las experiencias concomitantes del tiempo mismo y de su terminación, son sentidas e interpretadas de manera natural de diferentes formas según los diferentes niveles de conciencia y de comprensión.

5 «Los bienaventurados» (*al muflihuna*): Esta palabra proviene de la raíz F-L-H, que en su forma primitiva significa arar, labrar, cultivar; «bienaventurados» [Cleary utiliza la palabra *happy*] procede de la cuarta acepción, cuyo sentido es prosperar, progresar, tener éxito, volverse feliz. La idea consiste en que la verdadera prosperidad no es sólo material, sino que tiene una dimensión espiritual que, de hecho, es la que da sentido y coherencia en su conjunto a los esfuerzos y logros de la vida en este mundo.

6 «Los ingratos que se niegan» (*alladhina kafaru*): La raíz K-F-R aquí en su primera acepción, significa negar (a Dios) [Cleary había utilizado en el texto la palabra «rechazar» —*refuse*—], ser desagradecido, ser impío, no creer. Gratitud, creencia y fe son tan importantes para la relación islámica con Dios y Sus dones que he incluido frecuentemente ambas ideas de ingratitud y rechazo al traducir derivados de K-F-R a lo largo de estas lecturas del Corán.

«Es lo mismo para ellos que les amonestes o no»: La misión de Mohamed era «sólo transmitir un mensaje

215

claro», no coaccionar a la gente a profesar la fe; el que alguien crea o no es un asunto que depende de Dios y la razón y libre voluntad individual otorgadas por Él.

7 «Dios ha sellado sus corazones»: El mundo creado actúa como un velo para aquellos cuya atención está fijada en él, impidiéndoles la percepción de la realidad más allá de las preocupaciones inmediatas de esta vida.

«Para ellos hay un gran tormento»: Es el tormento de estar impedido de conocer la verdad real, en la que únicamente se encuentra la certidumbre y la paz.

10 «Hay una enfermedad en sus corazones, y Dios la aumentará»: Quienes disimulan piedad y bondad pero son realmente empedernidos mundanos no ganan nada con su asociación a la religión. Por el contrario, la complacencia y orgullo que sacan de su asociación con la religión magnifica de hecho sus defectos. El engaño de una falsa religión acarrea un «doloroso tormento», porque, para empezar, separa a las personas de la verdad, y después, al final, sus falsos engaños les hacen fallar y defraudar.

11-12 «Causar desórdenes»: Esta expresión proviene de la raíz F-S-D, que en su primera acepción significa ser malvado o convertirse en malvado, podrido, pervertido, incapacitado, falso, equivocado. En este caso, proviene de la cuarta acepción, con el sentido de estropear, depravar, corromper, desmoralizar, pervertir, distorsionar, arruinar, frustrar, socavar, debilitar, desbaratar. Los ilusos e hipócritas piadosos que aparentan ser fieles creyentes pueden causar toda clase de degradación y corrupción por su falsedad, incluso sin darse cuenta de ella, al estar hipnotizados por sus propias fachadas.

13 «Necios» (*sufaha'*; en singular, *safih*): Quiere decir tontos, idiotas, bobos, ignorantes, estúpidos, incompetentes. Aquellos cuyas creencias profesadas constituyen un alimento para su propia arrogancia consideran el sometimiento a la voluntad de Dios como la religión de los

simples, pero la propia sobrestima les convierte en verdaderos necios.

14 «Obsesiones» (*shayatin*, plural de *shaytan*): De aquí proviene la palabra Satán, uno de los nombres del diablo. Este sustantivo árabe procede de la raíz que significa ser perverso u obstinado (la característica esencial de la obsesión), en referencia a la rebelión satánica contra Dios, manifestada como arrogancia, desagradecimiento y obsesión posesiva con las cosas del mundo. Otro nombre del diablo procede de la raíz W-S-W-S, cuyas acepciones son susurro o sugestión, en referencia a la obsesión como compendio de las características satánicas y a la actividad. Este versículo concreto describe a los necios que públicamente proclaman su fe en Dios, pero que en privado declaran su devoción a sus ídolos y obsesiones personales, ya sea el nivel social, las riquezas, o cualquier otra cosa que pueda ocupar sus mentes.

15 La misma ligereza con la que los hipócritas y los necios tratan su religión, como una profesión de fe sin realidad, les permite avanzar en los ultrajes cometidos, tanto abiertamente bajo el disfraz de la piedad, como los cometidos encubiertamente bajo los dictados de las obsesiones privadas. «Desmanes» traduce *tughyan*, procedente de la raíz verbal T-GH-Y, que significa transgredir, exceder los justos límites, salirse de órbita, ser excesivo, tiránico o cruel, oprimir, aterrorizar.

17 Esta frase describe la ausencia de fiabilidad del conocimiento artificial, del que la falsa religión constituye una variedad. «Dios toma su luz» en el sentido de que el error no resiste ante la presencia de la realidad; las proyecciones subjetivas no permanecen intactas frente a la verdad objetiva; el pensamiento elaborado por el hombre finito no puede captar el infinito mismo.

18 «Ya no podrán volver» a la realidad, o a su fuente, puesto que están totalmente absortos en sus propias invenciones.

19 La manifestación de la religión incluye el misterio, la amonestación, la iluminación y el alimento; éstos están simbolizados por la oscuridad, el trueno, el relámpago y la lluvia. Los ingratos están principalmente interesados en ignorar la amonestación por miedo a que pruebe la verdad en contra de ellos. De lo que no se dan cuenta es de que la realidad les incluye y les juzga, tanto si son como si no son conscientes de este hecho, tanto si están atentos a él como si no.

20 La claridad de la divina revelación es cegadora para el ojo acostumbrado a la oscuridad de la confusión humana. Con cada renovación de la revelación, o resurgimiento del verdadero conocimiento, la Humanidad hace algún progreso; sin embargo, cuando disminuye la infusión de la inspiración, la Humanidad vuelve a estancarse. Aunque este proceso parece incierto y errático, al menos la Humanidad tiene una oportunidad de utilizar las facultades que Dios le ha otorgado para reconocer la revelación y vivir en su luz; no es lo mismo que si no tuviéramos en absoluto elemento alguno de juicio.

22 «Por tanto, no imaginéis [que existe] nada como Dios, cuando ya sabéis»: Saber que Dios es el único origen de toda creación hace que no se equipare al Creador con ninguna de las cosas creadas.

30 «Un representante en la tierra»: ejemplo, Adán/Humanidad. Obsérvese la opinión de los ángeles sobre la raza humana.

31-33 Según el gran *sheik* Ibn al Arabi, la naturaleza de la condición humana, representada por Adán, el primer hombre, se distingue por la integración de todo los existente, representado por la enseñanza que Dios proporciona a Adán de todos los nombres o cualidades comprendidas en el universo. Los ángeles, a pesar de tener una muy refinada percepción, no poseen esta naturaleza integrada, careciendo así de conocimiento completo.

34  La arrogancia y las ingratitud de Iblis, el ángel insolente, al negarse a seguir el propósito divino, constituye el modelo de la caída humana en el error a través del engaño. Iblis se convirtió así en la personificación del Diablo.

35  «Os convertiréis en tiranos inicuos»: Lo harán por mal uso del conocimiento y arrogarse a sí mismos la voluntad de Dios. «Tiranos inicuos» traduce el participio activo de la primera acepción de la raíz DH-L-M, que quiere decir engañar, dañar, ser injusto, inicuo o tiránico hacia alguien, abusar. De la misma raíz se deriva igualmente la palabra *dhulma*, «oscuridad» [a veces traducido en el texto como «tinieblas»], con frecuencia utilizada con el sentido de algo siniestro.

36  Obsérvese que en la recopilación coránica, Adán no es seducido a la caída por su esposa, como en la conocida versión judeo-cristiana de esta historia; en el Corán, tanto Adán como su esposa son engañados por la sugerencia insidiosa del diablo («el Obsesionador»), el susurro de la perversidad y la obsesión.
    «Descended todos...»: La Humanidad ya no viviría en la sublime inocencia del Jardín.
    «Con enemistad entre vosotros»: En un estado de alienación unos de otros y de nuestra fuente común.

37  Aquí, la revelación del Corán difiere una vez más de la tradición judeo-cristiana en su imagen de Adán. Las primeras revelaciones se centran en la debilidad de la naturaleza humana y en la necesidad de expiación; la revelación coránica se centra en la realidad siempre presente de la expiación, el poder y la misericordia de Dios, el restablecimiento de Adán en la cordura y en el hecho de hacerle el primer Mensajero.

38  Al igual que Adán y su esposa, toda la Humanidad abandona el estado de prístina inocencia pero se le ofrece la posibilidad de retornar a la fuente siguiendo las intimaciones de la verdad que emana de ella.

43 «Adorad» en este caso es una traducción libre de R-K-!, que literalmente significa postrarse, representación física del sometimiento a la voluntad de Dios.

44 El gran texto budista conocido como *Sutra del ornamento floral* expresa una idea similar: «Igual que alguien que proclama en una esquina toda clase de palabras cultivadas, pero que carece de auténtica virtud dentro de sí, así son los que no practican» (Libro X)*.

48 Una de las imágenes más poderosas del día del juicio es la de estar completamente solo en presencia de la Verdad sin ninguno de los apoyos conocidos de la vida ordinaria.

62 Véase el versículo 256 de este mismo capítulo: «No ha de haber coacción en la religión.» No se sabe con exactitud quiénes eran estos sabeos; Penrice dice que se consideraban seguidores del profeta Noé. Cuando se extendió el islam en todo el globo tras la aparición del Profeta Mohamed, el término «sabeos» parece que, según la época y la situación, se entendió ampliado a otras grandes religiones orientales como el zoroastrismo y el budismo. El verbo original de la raíz S-B significa surgir, como el surgimiento de una estrella. Tal vez, ésta sea el origen de la idea de Penrice de que los sabeos rendían culto a los cuerpos celestes. Utilizando el sentido de la raíz en referencia al surgimiento de las estrellas, el nombre y la imagen de rendir culto a los cuerpos celeste podría también representar de manera figurada a los seguidores de «luces» remotas o revelaciones, que estaban más distantes de la primera comunidad islámica que el judaísmo y el cristianismo.

83 Esta aleya, de la que sólo he traducido una parte, contiene un hermoso resumen de la relación del creyente con Dios y con la Humanidad.

---

* Véase *El arte japonés de la guerra. Sabiduría de la estrategia,* de Thomas Cleary [traducido al castellano por Alfonso Colodrón], p. 59, Madrid, 1992, Editorial Edaf. *(N. del T.)*

84-85 Estas aleyas tienen acontecimientos históricos específicos como puntos de referencia directa, pero se dirigen a toda la Humanidad y ofrecen una descripción general de un modelo concreto en la historia humana. Éste es un recurso común en el Corán. Sólo he traducido la primera parte de la aleya 85.

87 La invocación de los orígenes divinos de las enseñanzas, y la perversa psicología humana de pueblos recalcitrantes se repite muchas veces en el Corán. Una frase clave es «aquello que vosotros no deseáis» (*ma la tahwa anfusukum*). Las personas tienden a rechazar aquello que no refuerza el sentido de sí o satisface sus deseos inmediatos.

La expresión «altivos y arrogantes» traduce el verbo a partir de la décima acepción de la raíz K-B-R, que significa ser altivo o arrogante, considerarse (demasiado) grande (para algo), y también considerarse demasiado importante. Hace referencia a personas que dan excesiva importancia a su propio yo y a sus propios deseos como para aceptar la verdad objetiva. El grado en que los pueblos invierten en su propia subjetividad se traduce en la vehemencia de su reacción frente a los Mensajeros y sus mensajes: «A algunos les habéis acusado de embusteros, a otros les habéis matado.»

90 «Cólera sobre cólera»: Esta aleya describe lo funesto de los intereses de propiedad en la transmisión de la religión: los que han recibido una revelación incurren en «cólera sobre cólera» cuando se hacen posesivos y se vuelven celosos, ya que su actitud no sólo les impide recibir el beneficio de las clarificaciones de nuevas revelaciones, sino que también les impide apreciar plenamente el contenido interno de la anterior revelación, ya que se centran en ser los propietarios humanos, o en la misma propiedad, con la consecuencia de olvidar a Dios, la fuente.

102-103 Este pasaje ofrece una de las descripciones más sobrias del abuso de conocimiento. He omitido la apertura del versículo 102, continuación del 101, que habla de personas mal guiadas que siguieron los rumores de los obsesivos [los demonios] acerca de los poderes del rey Salomón. Este rumor versaba evidentemente sobre la magia, o la aplicación del conocimiento más allá de los límites de lo necesario para la simple supervivencia cotidiana. El Corán defiende a Salomón y le diferencia de los obsesivos y perversos, manipuladores que «enseñaron a los humanos la magia», que funciona mediante la sugestión y la obsesión, y «lo que se reveló a los ángeles en Babilonia», o conocimiento extraordinario custodiado por poderosos pueblos de la Antigüedad.

Hay un punto a explicar acerca del significado de «ángeles» en este caso; procede de la raíz M-L-K, lo mismo que la palabra «rey» [en inglés, *king*]. Las acepciones de la raíz incluyen tener poder o ser capaz, y existen muchos derivados relativos a la maestría y al dominio. Harut y Marut, y Babilonia, parecen representar el conocimiento extra-ordinario que «se filtró» al común de la humanidad: al principio estuvo claro que se trató de una prueba, mediante la que las personas podían probar la omnipotencia de Dios más allá de toda duda o arruinarse a sí misma por mal uso; entonces este «filtraje» se les escapó de las manos y, olvidada la advertencia original, la gente escogió algunas cosas para sí misma, con desastrosas consecuencias a causa de la insuficiencia de su conocimiento y la naturaleza obsesiva de sus intereses. «No tendrían lugar en la otra vida» a causa de esta misma tendencia a complacerse obsesivamente en la manipulación de las cosas de este mundo. Así, la Humanidad convirtió la magia en un instrumento de perdición, olvidando el origen y el contexto global de todo conocimiento.

«Mas después, no obstante, aprendieron de los dos lo que separa a maridos y esposas»: Aunque existen formas de magia que se dedican específicamente a crear y/o destruir relaciones humanas, me inclino a pensar que este pasaje se refiere más generalmente a la persecución obsesiva de conocimiento y poder, a través de los que el hombre se ve implicado en intentar controlar y manipular el mundo, alienándose de la matriz nutridora de la tierra y de la familia representada en la mujer.

«No hacían mal a nadie sin consentimiento de Dios»: El libre albedrío forma parte de la naturaleza humana dada por Dios: sin libre albedrío no habría «comprobación» o «prueba», ningún medio para la Humanidad de despertar y hacerse consciente de su potencial otorgado por Dios.

«Quienes lo compraban no tendrían lugar en la otra vida»: Los que adquieren conocimiento perjudicial, o se hicieron devotos de la magia dañina, se cortaron a sí mismos de la realidad por obsesionarse con sus fascinaciones y ambiciones.

103 Los poderes que proporciona a la Humanidad el conocimiento extraordinario puede disminuir o reforzar el respeto por el poder de Dios, y puede desviar o estimular el ascenso del alma a Dios. Porque Dios es el origen de todo poder; la recompensa de la adoración exclusiva de Dios sobrepasa las de la devoción a cualquier forma específica de conocimiento o poder.

136 «Pues nos sometemos a Dios»: La aceptación islámica de toda la tradición de Abraham no se basa en la simple herencia histórica, sino en el reconocimiento del origen divino de la inspiración y de la profecía del cual proceden.

164 Muchos de los juramentos del Corán se hacen basándose en fenómenos naturales. Las leyes de la naturaleza se consideran como signos de Dios, pruebas de la existencia de un poder inteligente cósmico.

177 Aquí está contenido uno de los más bellos resúmenes de la esencia de las creencias y prácticas islámicas.

«No es piedad el que volváis vuestros rostros hacia el Este y el Oeste»: Esto parece querer significar que el corazón de la religión no viene definido por una profesión o adscripción superficial como se define en términos terrenales. Algunos traductores traducen en este caso *wa* como «o», pero el «y» más generalizado me parece que es más inclusivo y, de este modo, más sugestivo del aspecto trascendente de la devoción, incluso tal como se practica dentro de la vida cotidiana. El inapreciable Versículo sobre la Luz (incluido en esta selección de lecturas del Corán) dice que la luz de Dios es como una lámpara encendida de aceite de un «árbol, bendito de olivo» que no es «de Oriente ni Occidente». [«La luz», 35/42.]

«Por amor de Dios» (*ala hubbihi*): Esto puede leerse también «a pesar del amor por ello (bienes/dinero)». El original utiliza un pronombre que puede ser construido tanto en referencia a Dios como a la riqueza. Así, el pasaje puede ser leído para hablar de dar bienes o dinero por amor de Dios (como algo opuesto a dar por motivos personales), o dar bienes y dinero a pesar de apreciarlos (en lugar de dar simplemente aquello que a uno no le importa). Todos estos sentidos también expresan la doctrina budista del «vacío de las tres esferas» en el perfecto dar, que se dice que trasciende el apego a las tres esferas de sentimiento o concepción: uno mismo como benefactor, otro como beneficiario, y una donación como beneficio.

255  Ésta es la inapreciable estrofa del Trono (*'Ayat al Kursiy*), que describe a Dios como la única realidad viviente que se ocupa del cosmos*.

256  No *hay* coacción en la (auténtica) religión porque la verdad *es* objetivamente distinta del error por su propia naturaleza. La esencia del error es la idolatría, que significa tratar algo relativo como si fuera absoluto.

262-265  Aquí, de nuevo hay representaciones excepcionalmente claras y concretas de lo que el budismo llama el «vacío de las tres esferas» en perfecta caridad. La auténti-

---

* Suele recitarse diariamente después de cada una de las cinco plegarias rituales, especialmente los sufíes. (*N. del T.*)

ca generosidad no es cálculo. En cierta ocasión, un derviche, religioso mendicante musulmán, fue a un barbero en la Meca y pidió que le afeitase. El barbero, que estaba en ese momento trabajando con un cliente de pago, inmediatamente aceptó y afeitó al derviche. Impresionado por su piadosa generosidad, el derviche regresó después con una bolsa de oro que alguien le había dado como limosna. El barbero rechazó el pago, diciendo: «¿No os avergüenza ofrecer dinero por algo hecho por amor de Dios?»

285-286 Según la tradición sobre los dichos y costumbres del Profeta Mohamed, él dijo que si uno recita estos dos últimos versículos de «La vaca» cada noche, es suficiente. (*«Al ayatani akhiri surati l baqarati man quara'a bihima fi laylatyn kafatahu»*) (Bukahri, *Sahhih*). Estas bellas plegarias llevan dentro la fragancia de la humildad ante la Verdad.

285 Esta aleya reafirma el foco supremo de atención sobre Dios, la Verdad a la que se remiten todos los auténticos Mensajeros.

286 Esta aleya reafirma la justicia y equidad precisas de lo Real, que juzga y prueba al alma individual mediante la interacción de su potencial innato y de las influencias de las oportunidades que tiene y de las opciones que toma.

## La familia de Imrán (Al-i Imran) (Capítulo 3)

Este capítulo fue revelado en Medina. Imrán fue el padre del profeta Moisés; este capítulo sigue el hilo de la tradición profética y de sus enseñanzas esenciales.

2 «El Subsistente» (*al Qayum*): o «El Eterno». Éste es uno de los atributos de Dios y procede de la raíz Q-W-M, que tiene las acepciones esenciales de permanecer en pie, ser, existir. Este atributo se empareja perfectamente con *al Hay*, El Viviente.

3 «El Criterio» (*Al Furqan*): Éste es el nombre del Corán, especialmente en su función de distinción de la verdad original de las falsas adiciones en las revelaciones anteriores a medida que llegaban a lo largo de la historia. El nombre se deriva de la raíz F-R-Q, que empieza con la acepciones básicas de separar o dividir y, de aquí, hacer una distinción, diferenciar, discriminar.

7 Parece que no se rechaza seguir la interpretación subjetiva de ambigüedades, como búsqueda del conocimiento en sí mismo, pero sí en cuanto que la interpretación implique proyección de desviaciones e intentos de socavar el acuerdo y causar división.

18 La Misma Verdad Absoluta, lo Real, se atestigua a sí misma o da pruebas de sí misma, de Su unicidad.

19 Esta aleya describe a aquellos cuyo aprendizaje los hace engreídos ante la gente, en lugar de hacerlos humildes ante Dios, y aquellos que llegan a valorar sus propias ideas y opiniones más que la misma verdad.
«Dios es rápido en tomarlo en cuenta»: La acción de mente de velarse a sí misma es inmediata en el mismo acto y actitud de rechazo; de ahí se siguen las consecuencias.

30 Cuando se cae el velo del error, la Verdad es evidente por sí misma.

42 Esta selección introduce un elegante resumen de la misión de Jesús. Según el Evangelio de María, la madre de Jesús era descendiente de una familia sacerdotal cuyo linaje se remontaba hasta Imrán, el padre de Moisés y de Aarón. Única hija de un sacerdote sin hijos, María era una virgen del templo; ella y Jesús en especial son figuras importantes del Corán.

45 El Corán se refiere a Jesús como el Logos y el Mesías, y también como un Espíritu (o Aliento) de Dios. Los «Próximos» son los más cercanos a Dios.

60  Es decir, la revelación divina no es un invento humano y no puede ser tratada adecuadamente de la misma manera que las ideas de fabricación humana.

79-80  En muchas partes del Corán, Dios pregunta a Jesús si dijo a la gente que le adorara en lugar de adorar a Dios. Los ángeles son igualmente interrogados, y también todos los profetas, lo mismo que cualquiera al que le ha llegado el conocimiento.

«No está bien para un ser humano...»: No es una prerrogativa propia de un profeta (que sigue siendo un ser humano a pesar de su elevado estado en el don de la profecía) esperar ser servido o pedirlo.

«Antes bien, sed instruidos en la ley divina» (*kunu rabbaniyina*): Los mensajeros o maestros de la ley divina, o del conocimiento de lo divino, deben ser ellos mismos seguidores de lo divino y no reclamantes de la divinidad.

«Y no se os ordena tomar como señores a los ángeles y a los profetas»: Un profeta fiel a la confianza de Dios no interpondría otros objetos de adoración, ya fuese un ser humano o seres sutiles. La enseñanza budista dice igualmente: «Confía en la verdad, no en la personalidad» (*Mahaparinirvana-sutra*). El teólogo musulmán Al-Ghazali también escribió: «Juzga a la gente por la verdad, no a la verdad por la gente» (*Kitab al !Ilm*, «El Libro del Conocimiento»).

105  «Aquellos que se dividen y discrepan después de haberles llegado las aclaraciones»: Se refiere al Corán y a su función de aclarar revelaciones anteriores.

137  El Corán exhorta a estudiar la historia del mundo para observar las consecuencias de las diferentes actitudes hacia la vida.

186  «Seréis, ciertamente, probados en vuestras posesiones y en vuestras personas»: Nuestras posesiones y nuestras personas son tests o pruebas para determinar qué uso hacemos de nuestros talentos, los cuales sólo poseemos

en préstamo. La palabra test en árabe es *bala*, que significa ensayar, probar, experimentar. Nuestras posesiones y nuestras personas constituyen tests de cómo los manejamos; inevitablemente atravesamos altos y bajos en nuestra fortuna material y psicológica, y nunca tenemos todo completamente a nuestra manera. En todos estos aspectos estamos seguros de ser probados. También está el mensaje concreto de los primeros musulmanes de que la nueva comunidad iba a ser atacada con certeza, tanto física como materialmente, por los conservadores celosos de las antiguas revelaciones, así como por los materialistas que eran amenazados por el mensaje de Dios en lo relativo a la naturaleza y posición de las cosas del mundo. Este nivel de interpretación del pasaje también puede ser tomado como una descripción general de los acontecimientos típicos que acompañan cualquier reforma social.

«Ciertamente, oiréis muchos insultos»: Dirigido a los primeros musulmanes, también se refiere en general, una vez más, a la posesividad y a los celos en la religión, o conservadurismo automático en materia de conocimiento y cultura.

«Ésta es la actitud resuelta que determina las cosas» (*inna dhalika min azmi l'umur*): Paciencia y reverencia respetuosa hacia Dios constituye la determinación (*azm*) que determina (*azama*) las cosas (*al'umur*), porque estas fuerzas espirituales sobreviven y superan, así, las pruebas materiales y físicas.

190 «Las personas de corazón» (*'ulu l'albab*): La palabra *'albab* es el plural de *lubb*, que significa el corazón, la comprensión, el intelecto, la mente, la razón. Es también interesante observar que *lubb* con el plural *lubub* significa núcleo, meollo, el quid de una cuestión, la esencia, lo más interno.

195 «Uno del otro procedéis»: Según Jalalayn, esto significa que los hombres proceden de las mujeres, y viceversa; y que hombres y mujeres son iguales respecto al derecho

a compensación por el trabajo, así como a la obligación de evitar malgastar sus ganancias en vano.

## Las mujeres (al Nisa) (Capítulo 4)

Este capítulo fue revelado en Medina

1 «En cuyo nombre os pedís cosas»: Maridos y esposas se piden mutuamente relación sexual, en nombre de Dios.

«Y respetad las relaciones»: La palabra árabe, *al arham*, significa concretamente las relaciones de consaguinidad; también significa úteros. Las palabras que indican la bondad, la compasión y la misericordia también proceden de la misma raíz R-H-M. La idea general de este versículo es el respeto por la naturaleza sagrada de las relaciones humanas, incluidas las relaciones sexuales y la procreación.

3 Según Aisha, esposa del Profeta y Madre de los Fieles, este pasaje prohíbe a los hombres casarse con jóvenes huérfanas con propiedades únicamente por su fortuna, sin proveerlas de una dote justa. Una «sierva bajo vuestra custodia» originalmente significaba una esclava o prisionera de guerra.

4 La dote es para la independencia económica de la mujer; un hombre está obligado a proveerla, incluso si su novia ya es rica. Si ella es próspera y no tiene necesidad de dote, puede voluntariamente darla a su esposo, totalmente o en parte, pero la decisión le corresponde sólo a ella.

5 Se refiere al cuidado de los que carecen de sustento o medios, incapaces de mantenerse a sí mismos.

6 Éstas son instrucciones para la custodia y disposición de la propiedad hereditaria de los huérfanos: quienes no tengan necesidad no deben tomar remuneración alguna por la custodia, mientras que los responsables pobres de

huérfanos están autorizados a recibir una justa compensación por cuidar de sus asuntos. En ningún caso los tutores deben consumir a la ligera la propiedad de los huérfanos en un intento de disfrutar de ella lo más posible antes de que éstos lleguen a la mayoría de edad para recibir su herencia.

7 Las partes para hombres y mujeres son diferentes porque un padre de familia está obligado a mantener a los demás, mientras que la mujer no está obligada a ello.

8 También hay una porción para hacer actos de caridad de un legado según las circunstancias y necesidades de la situación.

9 Ser tan cuidadosos de los asuntos de los huérfanos como le gustaría a uno que los propios hijos fuesen atendidos si uno se encontrase con la muerte y les dejase huérfanos.

28 Como ser mortal y transitorio, el ser humano es débil por constitución. Como conciencia subjetiva susceptible de trastorno, condicionamiento y dependencia emocional, el ser humano es psicológicamente débil. Las maneras de vivir descritas en las leyes sagradas son medios de manejar estas debilidades con mayor facilidad.

29 «Y no os matéis a vosotros mismos»: Aquí, «vosotros mismos» significa unos a otros, acentuando la unidad de los creyentes, y también de la Humanidad como un todo, que Dios «creó de una sola alma».

48 Dios no perdona la idolatría, o asociación de ninguna cosa con Dios, porque dicha asociación es en sí misma diversión de la atención que aliena intrínsecamente al individuo de Dios. De aquí que en la aleya 50 se diga: «Esto es suficiente en sí mismo para ser un error evidente.»

53 ¿Tienen los ídolos y falsos dioses algún papel en la acción del verdadero universo? Los ídolos y los idólatras no dan nada a las personas; sólo toman de ellas.

97 Cuando las personas buscan compromisos, pueden intentar poner excusas a su situación, sin haber explorado sus verdaderas alternativas.

125 El camino de Abraham significa aceptación exclusiva de la realidad absoluta como Dios. La expresión «en pos de la verdad» constituye una paráfrasis de *hanifan*, «que se inclina», nombre dado a los buscadores de la verdad absoluta en tiempos de Mohamed.

164 Según la tradición islámica ha habido 128.000 profetas sobre la tierra y 104 Libros revelados. La Tora, los Salmos, el Evangelio y el Corán son considerados los cuatro más importantes de estos libros desde el punto de vista de la tradición islámica. No todos los profetas fueron figuras públicas como Moisés, Jesús y Mohamed. El Corán dice: «Y, ciertamente, mandamos Enviados antes de ti (Mohamed); de algunos de ellos os hemos hablado, y de algunos de ellos no os hemos hablado» (50:78).

171 «No exageréis en vuestra religión»: Uno de los compañeros del Profeta contaba que nunca le vio tan enfadado como en cierta ocasión en la que oyó que un Imán estaba prolongando tanto la oración de la mañana que la estaba haciendo cansada para los demás.

«Un Espíritu de Dios»: En referencia a Jesús como «un Espíritu de Dios», la palabra espíritu traduce *ruh*, que significa aliento de vida o alma. En todas las demás ocasiones, la palabra «espíritu» (o «duende») es la traducción de *jinn*, «genios», y debe distinguirse de este Espíritu de Dios, que fue Jesús. El Corán afirma la unidad sin compromiso de Dios, sin disminuir la dignidad de Jesús el Mesías como Palabra, Espíritu o Aliento de Vida de Dios.

*La mesa (al Ma'ida) (Capítulo 5)*

Este capítulo fue revelado en Medina.

46 Según el Evangelio, Jesús dijo que la revelación que él traía no era antagónica con la anterior revelación, sino que de hecho confirmaba su verdad. El Corán reconoce esta misión de Jesús y, de igual manera, se presenta confirmando y clarificando el mensaje esencial de las anteriores revelaciones transmitidas por judíos y cristianos.

48 «Y no sigas sus deseos»: Es decir, no sigas los deseos de los rebeldes, que no piensan conforme a lo que Dios ha rebelado.

## El ganado (al' Anlam) (Capítulo 6)

Este capítulo fue revelado en La Meca

2 «Después fijó un término»: La palabra «término» es la traducción de 'ajal, que significa un término fijado o un periodo predeterminado. Aquí hace referencia a un término para la evolución de la raza humana.

42-48 Estos pasajes proporcionan un modelo de *fitna*, «prueba», mediante la adversidad y la felicidad, incluidas las reflexiones mediante las que la humanidad puede hacer el mejor uso de la prueba. Las que fueron «sobrecogidas» con «desgracias y aflicciones» fueron «las comunidades que os precedieron».

50 Éstas son instrucciones a Mohamed, y por extensión a cualquier profeta o maestro religioso, para evitar interponerse entre Dios y la Humanidad como objeto de adoración y para remitir toda verdad a su fuente real.

52 «Buscando la esencia de Dios»: La palabra árabe para «esencia», en este caso *wajh*, también conlleva los significados de ser, semblante, propósito, meta, objetivo, sentido, significado, favor, honor, consideración.

53 La distinción entre la elite espiritual y la elite social también es un test para la autoestima de esta última.

116 Esta estrofa pone de relieve la distinción entre la realidad imaginaria y la realidad objetiva.

117 El gran sufí Najmuddin Kubra solía decir: «Sólo la verdad sabe lo que es verdad.»

122 «A los ingratos, pues lo que han hecho les parece agradable»: Esto describe la naturaleza del hábito, de la obsesión y del autoengaño.

130 «Genios y humanos» (*al jinn w al 'ins*): Los «jinn», lo mismo que los humanos, difieren entre sí en su cualidad de carácter y atención a Dios.

«La comparecencia en vuestro día»: Esta expresión se refiere al día de la resurrección y del juicio.

«Vanas esperanzas»: Esto hace referencia a la ingratitud hacia Dios porque confunden lo imaginario con lo real.

159 Los que dividen la religión sustituyen lo divino por lo humano; sus opiniones y fidelidades asumen mayor importancia para ellos que la única realidad de Dios.

160 «Quienes obren el bien recibirán diez veces más»: La recompensa del bien es diez veces más de merecido; esto se atribuye a la complacencia y gracia de Dios, compendio de generosidad y munificencia.

## *Los lugares elevados (al 'Alraf) (Capítulo 7)*

Este capítulo fue revelado en La Meca.

6 «Pediremos cuentas a los mensajeros»: Se les preguntará si transmitieron sus mensajes y si reclamaron algo para sí mismos, como la divinidad.

11-25 La historia de la caída de la Humanidad es vuelta a contar desde un ángulo diferente, basada en la caída de Iblis, del que se ilustran sus rasgos de prejuicio, arrogancia y deseos de venganza. También se hace aquí explícito el uso demoniaco de la vana esperanza y de la conciencia de sí como causa de la caída de los primeros humanos.

23 «Hemos sido injustos con nosotros mismos»: La Humanidad se aliena a sí misma de su fuente mediante la acción engañosa de su propia obsesiva absorción en sí misma.

24 «Descended» del estado de inocencia.
«Enemigos unos de otros», siendo autoconscientes y, por ello, competitivos y disputadores.

25 «Pero de allí se os sacará»: La vida y la muerte en el mundo constituyen una prueba temporal; el retorno final a la verdad esencial lleva al alma más allá del reino de la vida y de la muerte terrenal.

36 «Morarán en el fuego»: Los atados al infierno, o los habitantes del infierno; el que «permanezcan» allí es por propia responsabilidad, como se indica mediante el participio activo en el texto original, porque crean las condiciones para el tormento infernal por su propia y libre voluntad.

87 «Para lo que he sido enviado»: La primera persona (yo) se refiere al Profeta; «lo que» se refiere al mensaje del Corán.

157 El Profeta Iletrado» (*an Nabiy al 'Ummiy*). Se conoce a Mohamed como el Profeta Iletrado. Nunca leyó ni escribió. Esto representa literalmente y en sentido figurado su inocencia y pureza de espíritu. Fue en virtud de su inocencia y pureza por lo que fue receptivo al mensaje de Dios y fue capaz de transmitírselo a su pueblo. Se dice que la referencia a Mohamed en la Tora se encuentra en el Deuteronomio 18; el Paráclito de la tradición cristiana (Juan 14) también se cree que es Mohamed el Profeta.

172 «¿NO SOY YO VUESTRO SEÑOR?»: El recuerdo de su origen y último fin eleva a la Humanidad de la idolatría del apego a las cosas temporales y a las especulaciones humanas.

177-181 La creación de Dios proporciona facultades e instrumentos para la comprensión y para la confusión, incluidos la percepción, la razón y el libre albedrío mediante los que la Humanidad está capacitada para escoger entre «dos vías» o los dos posibles usos de estos instrumentos: la vía de la iluminación y la vía del engaño. Los que son como animales salvajes están «incluso más extraviados», ya que los animales salvajes no tienen la posibilidad de la elección otorgada a los humanos.

204 «El Recitado» significa el Corán.

206 «Se prosternan ante Dios»: Es una referencia a la estrofa de la postración, en cuyo recitado el recitador o lector concienzudo se postra ante Dios.

## Ta Ha ((Capítulo 20)

Revelado en La Meca. Éste es uno de los primitivos capítulos del Corán.

## Los profetas ( al 'Anbiya') (Capítulo 21)

Este capítulo fue revelado en La Meca.

2 La psicología budista habla de «barrera de conocimiento» (*jnanavarana*), que consiste en la impresión de que el conocimiento que uno tiene es completo y definitivo.

3 «Y mantienen sus conciliábulos en secreto»: Los que maltrataban y oprimían a los profetas y a sus seguidores actuaban conforme a prejuicios particulares, no de una manera abierta e imparcial. Intentaban hacer aparecer el Mensaje como si procediera de un ser humano que estuviera ido o poseído. La quinta aleya continúa la letanía de ideas subjetivas utilizadas como excusas invocadas para ignorar las comunicaciones divinas.

7 El Corán afirma repetidamente que los profetas eran humanos, para contrarrestar la creencia o acusación de que reclamaban una posición superior a su condición humana. También afirma que los profetas están inspirados por Dios para contrarrestar la creencia idólatra de que la humanidad de un Mensajero descalifica la fuente divina del Mensaje.

12 La prueba del mundo no se supera intentando evitarla, sino viviendo la vida lo mejor que uno sepa hacerlo, para poder descubrir quiénes somos en el proceso de tomar la responsabilidad de nuestras vidas y destinos.

16 «Y no como juego creamos»: Los procesos de la vida, la muerte y la naturaleza no son obra del azar ni constituyen acontecimientos sin sentido: incluso si los observamos como algo sin sentido, esa acción de elegir tiene efectivamente un sentido, con implicaciones para nuestro futuro.

17 «Si hubiéramos deseado divertirnos...»: Si Dios hubiera deseado diversión, ésta habría sido de naturaleza celestial y no de naturaleza terrenal. El uso de la relativa bajeza y crudeza de la existencia mundana como prueba de un significado más elevado y más sutil es particularmente llamativo a causa de su aparente paradoja.

18-19 «Quienes se hallan en presencia de Dios no desdeñan adorarlo»: Una vez más, los más elevados estados accesibles a los humanos, genios y ángeles están subordinados a la infinita realidad de Dios, el Absoluto; y su iluminación brilla con esta misma realización.

21 «¿Han escogido dioses...?»: El sujeto varía; aquí, se refiere a la Humanidad.

22 «Por encima de lo que le atribuyen»: O, «por encima de lo que afirman». El verbo es la primera acepción de la raíz W-S-F, «describir, afirmar». El tema es la toma de conciencia de que Dios, o la Realidad, está más allá de cualquier afirmación y descripción humana.

26 «Mas ellos dicen: "El Compasivo ha tenido un hijo"»:
Esto se refiere a la apoteosis del profeta Jesús en el cristianismo sectario.

26-29 «No, no son sino siervos venerables»: Jesús y los
demás profetas no son considerados dioses, sino «siervos
venerables» de Dios.

34 «Si tú entonces has de morir, ¿habrían ellos de estar
aquí para siempre?»: El Profeta morirá, como todos los
profetas que le precedieron, pero también morirán sus
perseguidores.

37 «La Humanidad está hecha de precipitación»: Los seres
humanos son impacientes por naturaleza; ésta es parte
de la «prueba», mediante la que tal vez se sientan impul-
sados a asumir más responsabilidad de la que pueden
asumir.

44-45 «¿Acaso no se dan cuenta de que afectamos la tierra?»: Los imperios y los reinos humanos crecen y decre-
cen, sin que ninguno adquiera una dominación permanente. Pueblos testigos de largas historias y tradiciones
deberían de ser, por tanto, muy conscientes de la muta-
bilidad e impermanencia de los dominios terrenales.


## La luz (al Nur) (Capítulo 24)

Este capítulo fue revelado en Medina. Yo empecé mi
selección a partir de la famosa sura de La luz, uno de los
pasajes más apreciados del Corán. Las primeras aleyas de
este capítulo tratan de costumbres sociales, incluidos los
temas de la castidad, la privacidad, la modestia y el mantenimiento de la inocencia respecto a la calumnia.

36 «En las casas que Dios ha permitido levantar»: La palabra «levantar» puede ser entendida en el sentido concreto de «edificar», queriendo decir casas de devoción especialmente construidas para el recuerdo permanente de

Dios; y en el sentido figurado de «elevar», con el sentido de casas ennoblecidas por el recuerdo constante de Dios.

37 «Gente a la que no distraen...»: Algunos interpretan que esto hace referencia a las personas que abandonan las ocupaciones del mundo para dedicarse completamente al recuerdo de Dios; otros lo interpretan como una referencia a las personas cuyas ocupaciones mundanas no les distraen de una constante y completa devoción hacia Dios.

39 «Sus obras son como un espejismo en la llanura»: las obras que proceden de la insensatez humana se basan en consideraciones subjetivas y, por ello, en última instancia se revelan como insustanciales.

40 «O como oscuridad»: Aquí, de nuevo, se refiere a las obras de los ingratos que se niegan a reconocer el origen de todo ser. El océano es su conciencia, la oscuridad son capas de ignorancia, las olas son las imaginaciones impulsivas, la olas unas sobre otras son las racionalizaciones de estas imaginaciones, las nubes son desviaciones y puntos ciegos.

«Si se saca la mano, apenas se la puede ver»: La ignorancia y ceguera de los ingratos no sólo les impide a ellos conocer el fin definitivo, sino que les vela la verdad de lo que está a mano.

«A quien Dios no ilumina carece totalmente de luz»: Todo verdadero conocimiento procede de la Verdad: la imaginación subjetiva humana no tiene conexión con la realidad esencial.

## Roma (al Rum) (Capítulo 30)

Este capítulo fue revelado en La Meca. Roma (*Rum*) significa aquí el Imperio romano-bizantino, que estuvo en guerra con el Imperio persa en la época de la misión de Mohamed. En el año 611, las principales ciudades de

Siria fueron tomadas por los persas, entonces bajo el dominio de Bizancio, y Jerusalén fue conquistada y saqueada en los años 614-615. Parece que es a esta derrota de Roma a lo que se refiere este capítulo. Sin embargo, en la década de los años 620, cambió la corriente, como había predicho el Corán, hasta que los bizantinos salieron victoriosos en el año 628.

9 «Ven cómo acabaron los que les precedieron»: Sociedades más poderosas, más numerosas, más prósperas y más cultivadas se han extinguido, por tanto, nadie puede estar seguro a causa de su poder, personal a su servicio, riqueza o educación.

«Eran más poderosos que éstos»: Aquí «éstos» se refiere a los contemporáneos.

21 «Para que reposéis con ellas»: El verbo es la primera acepción de la raíz S-K-N, que significa estar en reposo, estar tranquilo, estar en paz, permanecer en calma, ser asegurado, confiar, tener fe, sentirse en casa, vivir, morar.

22 Las diferencias culturales y raciales han ocasionado luchas entre los que se honran a sí mismos más que a Dios; para quienes honran los signos de Dios, por el contrario, la diversidad es riqueza y una fuente de riqueza, un medio mediante el cual las comunidades pueden aprender a convertirse en más que la suma de sus partes.

26 «Todo obedece a Dios»: Todo el mundo, incluso los recalcitrantes y los rebeldes, están sometidos a las leyes de la naturaleza.

28 «¿Acaso poseéis esclavos?»: Dios está más allá del poder de toda instancia subordinada.

37 «Dios prodiga y escatima»: No es necesario que las personas caigan en la autosatisfacción o en el abatimiento cuando la ola de la fortuna sube o baja; remitiendo todos los asuntos a Dios, pueden alcanzar la ecuanimidad.

39 «Cuanto prestáis con usura para que os produzca»: El vergonzoso nacimiento y colapso de los «imperios» financieros basados en la manipulación del dinero, más que en la producción y distribución de bienes útiles y necesarios, parecería confirmar la verdad de la desaprobación coránica de las prácticas económicas que funcionan como reactores reproductores de usura.

41 «Para hacerles probar algo de lo que produjeron»: Las funestas consecuencias de las malas obras han de considerarse como lecciones y advertencias, para que las personas puedan «retornar» del error.

51 «Y ellos ven que amarillea»: Amarillear significa agostarse, marchitarse, destrucción de cosechas verdes: cuando un viento funesto hace agostarse sus fortunas mundanas, las personas que dudan de Dios se inclinan por la desesperación negando Su bondad.

59 «Así sella Dios los corazones»: La palabra árabe para «sellar» procede de la primera acepción de la raíz T-B-!, que significa sellar, imprimir, dejar una impresión; en su voz pasiva significa tener una aptitud natural o disposición. La reacción vehemente hacia la verdad es característica de aquellas personas que no ejercen la facultad de percepción y discernimiento (sugerida por el verbo árabe «conocer» !-L-M aquí utilizado).

60 La misión del Profeta es transmitir un mensaje revelado, no acomodarse a los que dudan y critican; por ello, se instruye a Mohamed para que se centre en la verdad y no sea desviado por aquellos que vacilan. Un falso profeta es alguien que busca el que se le siga personalmente, no la verdad y, por ello, es poseído por las demandas de los «consumidores» a los que intenta satisfacer.

*Luqman (Capítulo 31)*

Este capítulo fue revelado en La Meca. Toma nombre de un antiguo sabio cuyas palabras de consejo a su hijo constituyen la mayor parte del mismo.

10 «Toda noble pareja»: Esta manera de referirse a las criaturas que se propagan mediante la reproducción sexual incluye un hermoso recordatorio de la nobleza del acoplamiento y de la reproducción como parte del propósito divino para la tierra.

12 «Y si alguien es desagradecido, bueno, Dios está libre de toda necesidad»: Dios no necesita ser alabado y servido por la Humanidad; es la Humanidad la que necesita alabar y servir a Dios.

13 «La idolatría es un enorme error»: A lo largo del Corán, la idolatría (*shirk* o asociación o equiparación de algo o de alguien con Dios) es el pecado capital, porque constituye la expresión esencial del descuido de la naturaleza absoluta de Dios.

14 «Sus madres les llevan [dentro], socavadas y debilitadas»: Según la tradición, alguien preguntó a Mohamed el Profeta quién es más merecedor de la propia bondad. El Profeta respondió: «Tu madre.» El interpelador preguntó: «¿Y después quién? El Profeta respondió: «Tu madre.» El interpelador preguntó de nuevo: «¿Y después?» El Profeta respondió: «Tu padre.»

15 «Con benevolencia»: (*malruf*): Éste es el participio pasivo de *!arafa*, «conocer» y, por tanto, literalmente, significa «conocido», pero también comporta la acepción de lo universalmente aceptado, generalmente reconocido, convencional, adecuado, que es bueno o beneficioso, equitativo, bondadoso, amistoso, la benevolencia y la cortesía. Las personas no tienen que obedecer a sus padres de manera incondicional, ya que la Verdad constituye el último punto de referencia («A Mí será el retor-

no»); pero se nos pide que seamos bondadosos y justos con nuestros padres, incluso si existe un desacuerdo de principio.

19 «Adopta un paso moderado en tu andar»: El verbo Q-S-D significa ser moderado, llevar una cadencia equilibrada; también tiene las acepciones de intentar, proceder directamente, aspirar, fijarse como objetivo, contemplar, considerar, proponerse: así pues, la expresión utilizada por Luqman sugiere no sólo moderación y equilibrio, sino también dirección hacia un propósito; actuar deliberadamente y con una meta, sin caer en los extremos.

21 El Obsesionador, o el Perverso, o el Obstinado, es el Susurro de incitación que hace que las personas se apeguen a sus hábitos («lo que vimos que nuestros padres practicaban») hasta tal punto que ignoran todo el resto.

23 «La naturaleza de los corazones» (*dhat as-sudur*): O, «lo que se encierra en todos los corazones».

25 Las personas tal vez reconozcan de manera superficial que el universo vino de algún lado y que refleja un noble propósito, sin realmente registrar la gracia de Dios en el corazón.

27 El texto clásico budista el *Sutra del ornamento floral* dice: «El Buda me reveló una enseñanza llamada ojo universal, que es la esfera de todos los iluminados, y que revela la práctica de los seres iluminados, mostrando la diferenciación de planos de todos los universos, las esferas de todas las verdades juntas, la luz que purifica todas las tierras, dispersa a todos los que desafían, aplasta a todos los demonios y diablos, haciendo a todos los seres felices, iluminando los pliegues ocultos de las mentes de todos los seres, comunicando a todos los seres de acuerdo con sus mentalidades, iluminando el giro de las ruedas de los sentidos de todos los seres. Y he adoptado esta enseñanza del ojo universal, la he mantenido en la mente, la he aplicado y contemplado, tomándola de esta

manera: aunque fuera escrita por una serie de plumas del
tamaño de las montañas polares con tanta tinta como
agua tienen los océanos, nunca podría acabarse; sería
imposible acabar siquiera una parte de una sola línea o
una sola fórmula de un solo principio de una sola doctrina de un solo capítulo de la enseñanza. No puede
siquiera agotarse parcialmente, agotarse plenamente ni
captada» (Libro XXXIX).

28 «Vuestra creación y resurrección»: «Vuestra» es plural,
ya que se refiere a toda la Humanidad, que es «creada»
de una sola alma.

33 «Y que el engaño no os engañe»: El Engañador, Al
Garhur es otra descripción personificada del diablo. Proviene de la raíz GH-R-R, de la que se forma *gharra*,
engañar, corromper, defraudar, engatusar, cegar, deslumbrar; *ghurur*, fraude, engaño, mentira, esnobismo,
vanidad, fruslería, banalidad, peligro; y *ghirra*, descuido,
desatención.

## Saba (Capítulo 34)

Este capítulo fue revelado en La Meca. Saba fue una
antigua ciudad o pueblo del Yemen en el Sur de Arabia,
una población próspera que fue destruida por una gran
inundación, que se supone que fue ocasionada por la
ruptura del gran dique del antiguo Yemen.

3 «Y nada hay más pequeño que esto, ni nada más grande
que no esté en el Libro claro»: Todo, en las escalas
macrocósmica y microcósmica de la existencia, está
incluido en la revelación. El *Sutra del ornamento floral*
budista dice: «No existe ningún lugar donde no pueda
llegar el conocimiento de los iluminados. ¿Por qué? No
existe un sólo ser sensible que no esté dotado del conocimiento de los iluminados; sólo que a causa de los conceptos engañosos, del pensamiento erróneo y de los ape-

gos, [los seres] son incapaces de realizarlo. Si se liberasen de los conceptos engañosos, entonces se manifestaría el conocimiento universal, el conocimiento espontáneo, y el conocimiento libre de impedimentos. Es como si hubiera una gran Escritura, igual en extensión a un universo de mil millones de mundos, en el que están escritas todas las cosas del universo... Aunque esta Escritura sea equivalente a un universo de mil millones de mundos, descansa, no obstante, en un solo átomo; y lo mismo que sucede en un átomo, es cierto para todos los átomos. Entonces, suponed que alguien con un conocimiento claro y global, que ha desarrollado plenamente el ojo celestial, ve estas Escrituras dentro de los átomos, que no están beneficiando en absoluto a los seres vivos, con este pensamiento: «Debería, mediante el poder de la energía, romper y abrir estos átomos y liberar las grandes Escrituras, para permitir a todos los seres vivos beneficiarse grandemente de ellas. Igualmente, el conocimiento de los iluminados, infinito y libre de obstáculos, universalmente capaz de beneficiar a todos, es plenamente inherente a los cuerpos de los seres vivos; pero los ignorantes, por aferrarse a conceptos engañosos, no lo saben, no son conscientes del mismo, y no se benefician de él. Entonces, el Buda, con el ojo claro, puro y libre del conocimiento, observa a todos los seres vivos del cosmos y dice: «¡Qué extraño! ¿Cómo es que estos seres vivos poseen el conocimiento de los iluminados, pero en su necedad y confusión no lo perciben? Debería enseñarles el camino de los sabios y hacer que se aparten de los conceptos y apegos engañosos, para que puedan ver en sus propios cuerpos el vasto conocimiento de los iluminados» (Libro XXXVII).

34 «Y nunca enviamos un amonestador a una comunidad sin que sus miembros prósperos dijeran: "Rechazamos aquello con lo que sois enviados"»: Según el Corán, Dios ha enviado amonestadores (*nadhir*) a todos los pueblos. Los miembros prósperos de una comunidad

son aquellos que poseen los mayores intereses en el *statu quo* y que, por ello, suelen rechazar cualquier nuevo mensaje con el que son enviados los amonestadores.

37 «Y estarán seguros en las cámaras de los altos»: Estarán instalados en estados elevados de proximidad a la Verdad. La «doble recompensa» para las buenas obras de fe incluye el resultado naturalmente bueno de dicha bondad, más el reforzamiento del estado espiritual que posibilita la fe en acción.

39 Según la enseñanza del budismo, incluso la más pequeña de las donaciones, cuando se da libremente, sin apego, tiene como consecuencia una incalculable recompensa.

40 «Mas ellos adoraban a los genios»: Algunos pueblos adoran a los genios, o poderes ocultos, o estados mentales extraordinarios.

43 «¿Qué es él sino un hombre que quiere apartaros de lo que vuestros padres adoraron?»: Buda dijo a la gente que no se aferraran a prácticas ni a creencias sólo porque fuesen tradicionales. Abraham y Mohamed también representaron rupturas similares de la tradición dentro de la verdad, de la costumbre heredada hacia la percepción directa.

45 «¡Y cómo fue mi reprobación!»: Los que rechazaban a los enviados de la Verdad, como consecuencia natural, rechazaban la Verdad. Un sentido del «cómo» parece ser que la realidad demoledora de la negación por Dios es inconcebible para aquellos cuyos pensamientos están orientados hacia las vanidades cuando rechazan las amonestaciones de Dios.

46 «Vuestro compañero» se refiere a Mohamed el Profeta.

52 «¿Cómo podrían estar receptivos desde un lugar tan lejano?»: Como se explica en las siguientes líneas, el «lugar tan lejano» es la alienación de la verdad, que resulta del descuido y rechazo permanentes.

## Ya, Sin (Capítulo 36)

Revelado en La Meca, a Ya Sin se le llama el corazón del Corán. Toma el título de las letras místicas de la primera línea, que algunos dicen que representan las palabras *Ya Insan!*, que significan «¡Oh, humano!», dirigido a Mohamed en su capacidad como Mensajero de Dios.

2 «Por el Recitado»: El Corán mismo considerado como el milagro que prueba la misión de Mohamed como Enviado de Dios.

8 «Argollas en el cuello»: Pueden simbolizar los deseos mundanos, que hacen que la visión se aparte del destino real.

9 «Una barrera ante ellos y una barrera detrás»: Esto parece referirse al futuro y al pasado, a la ansiedad y a la añoranza.

«Y les cubrimos»: Dios deja que la Humanidad imagine lo que será del universo.

«De modo que no vean»: Porque sus puntos de vista impide la visión.

19 «¿Acaso depende de haber sido amonestados?»: El significado parece ser: «El verdadero problema no consiste simplemente en el fastidio que sentís por ser amonestados: el problema consiste en vuestro propio carácter, tanto si se os señala como si no.»

20 «De lo más apartado de la ciudad»: Sólo alguien libre de las arrogantes pretensiones de la «compañía de la ciudad» podría percibir la verdad de los Mensajeros, que actuaban al margen del propio sistema de «acompañamiento» de castigos y premios.

36 «Quien creó las parejas, todas ellas...»: Se puede ver la complementariedad en el mundo vegetal, los mundos humano y animal, y en los mundos invisibles al ojo desnudo.

68  «Y a quien otorgamos larga vida, le damos marcha atrás en naturaleza»: A quien se otorga larga vida es al mismo tiempo privado de fuerza; la incapacidad de la vejez se compara con una regresión a la niñez y a la primera infancia.

69  «Y no le enseñamos poesía»: Cuando Mohamed fue visitado por la revelación por primera vez, temió que se estaba volviendo loco o convirtiéndose en un poeta. «Y no le enseñamos poesía» significa que el Corán no es el resultado de que Mohamed hubiera recurrido a la literatura antigua, como han afirmado muchos detractores del pasado y actuales.

75  Es decir, falsos dioses serán traídos al Juicio como «testigos» contra sus «creyentes», y también (en el caso de humanos, genios o ángeles que incitaron a ser adorados o que lo permitieron) como conspiradores.

78  «Y Nos propone símiles»: La Humanidad arrogante concibe a Dios en términos humanos y continúa proyectando debilidades y limitaciones humanas a Dios. Últimamente se ha puesto de moda afirmar que Dios es una creación humana; éste es el «Dios» que fue declarado «muerto» hace algún tiempo por los teólogos populares modernos.

## El hierro (Capítulo 57)

Este capítulo fue revelado en Medina

3  «El Manifiesto y el Oculto» (*adh Dhahir w al Batin*): También puede traducirse como «el Aparente y el Íntimo».

7  «Pues aquellos de entre vosotros que creen y que gastan [en limosnas]»: «Gastar» en este contexto significa gastar de lo que uno posee en caridad o buenas obras; a veces se dice «gastar en la senda de Dios». Este uso es

bastante frecuente en el Corán, e ilustra la importancia de contribuir al equilibrio y bienestar de la sociedad.

8 «Si sois fieles creyentes»: Creer y tener fe en Dios, *ipso facto* supone participar ya en un estado de gracia predestinado.

8-10 «¿Qué os ocurre...?»: O «¿Por qué no...?», o «¿Qué os impide...?».

11 Acentúo en este caso el significado de «noble» de la palabra *karin* porque la generosidad también se expresa en el versículo anterior, y la idea de nobleza sugiere que ni la ganancia material ni la espiritual es el resultado de las acciones codiciosas o egoístas.

12 «Y a su diestra»: La luz fluirá de su honradez y buenas obras.

13 «Volved atrás para buscar luz» (*rji!u wara'akum fal tamisu nuran*): O «Dad la vuelta para buscar luz». Buscad la luz de Dios, no en las proyecciones de vuestra conciencia subjetiva, sino en la conciencia de Dios, que es el único poder sustentador del universo y de todo ser vivo. En términos budistas, este versículo sugiere con mucha fuerza la práctica conocida como «poner la atención alrededor para mirar atrás» (en chino: *huiguang fanzhao*), en la que se cambia el foco de la atención de los objetos presentes a la misma fuente de la conciencia. Al utilizar este ejercicio como marco interpretativo, el «muro» interpuesto entre estas personas y la luz es el ego y la subjetividad de la conciencia: la frase «con una puerta, tras la que estará la misericordia» es el sometimiento del ego y el abandono de los puntos de vista subjetivos y de los apegos a los objetos; el «tormento» que está «afuera, frente a ella» es el enmarañamiento en los pensamientos y en las cosas que le suceden a la conciencia mundana.

17 «El tiempo se les hizo tan largo»: Durante mucho tiempo, la gente perdió interés en las antiguas revelaciones, que ya no las consideraban relevantes.

21 El original dice literalmente: «La Gran Gracia», que significa el compendio de la gracia, que proviene del más alto nivel de realidad.

27 «Mas el monacato que ellos mismos inventaron no se lo prescribimos»: El Corán no impone el monacato y Mohamed el Profeta también dijo que no debería haber vida monacal en el islam.

## Los genios (al Jinn) (Capítulo 72)

Este capítulo fue revelado en La Meca. Jinn es aparentemente la fuente de la palabra española genio [inglesa «genius»]. La palabra árabe *majnuum*, que es técnicamente un participio pasivo de una primera acepción del verbo derivado de la raíz J-N-N, significa poseído por los espíritus, en el sentido de demente.

6 «Locura» (*rahaq*): Esta palabra proviene de la raíz R-H-Q y también significa opresión. En su primera acepción, el verbo significa hacer sufrir; en la cuarta acepción quiere decir imponer dificultades o afligir mediante problemas.

23 «Excepto comunicar acerca de Dios y de Sus mensajes»: Un Mensajero es «enajenado» de Dios en el sentido de estar en medio de la vida mundana en la tierra: pero el «exilio» tiene un propósito: el del recuerdo y la profecía.

«En donde permanecerá para siempre»: La condenación eterna es eterna desde la perspectiva humana, no desde la perspectiva divina.

## Los enviados (al Mursalat) (Capítulo 77)

Este capítulo fue revelado en La Meca. «Los enviados» se interpreta abiertamente como referido a los vientos, que simbolizan a los Mensajeros de Dios.

1 «Enviados suavemente»: La palabra *!urfan* (suavemente) tiene otras muchas acepciones y matices: justamente, benéficamente, bondadosamente, en series continuas. Como sustantivo, *!urfan* también significa tradición. La raíz básica es !-R-F, que tiene la acepción primitiva de conocimiento. Los mensajeros llegan con justicia, beneficio, bondad y conocimiento. He elegido el sentido de «suavemente» como contraste de «braman tempestuosamente» de la siguiente línea, en referencia al Mensaje que se presenta al principio suavemente como buenas nuevas, y después brama contra los ingratos y los hipócritas.

## El Altísimo (al'Allah) (Capítulo 87)

Este capítulo fue revelado en La Meca.

13 «Donde ni vivirá ni morirá»: Ésta es una de las descripciones más ilustradoras de la naturaleza de la experiencia del «fuego» del «infierno».

19 «Los libros de Abraham y de Moisés»: De nuevo la naturaleza verdaderamente esencial y, por tanto, perenne, de la naturaleza del Mensaje fundamental se recoge citando las antiguas tradiciones hanifita y judía como reflejo de la misma Verdad.

## El rayar del alba (al Fajr) (Capítulo 89)

Este capítulo fue revelado en La Meca.

1 «Por el rayar del alba»: La aurora de la realización.

2 «Diez Noches»: Existen diversas interpretaciones: una es la que se refiere a las diez noches del periodo de peregrinación al sagrado templo de La Meca; otra que se refiere a los primeros diez años de la misión de Mohamed como Profeta, durante los que fue sometido a una enorme opresión y la mayoría de su pueblo permaneció en la ignorancia.

3 «Lo Par y lo Impar»: Cuando Mohamed el Profeta huyó
de sus asesinos de La Meca con su fiel compañero Abu
Bakr, llegados a un punto ambos se refugiaron en una
cueva. Sus perseguidores, a punto de alcanzarlos, llegaron a la boca de la cueva y estuvieron a punto de entrar
en ella, en donde habrían de encontrar el Profeta y su
compañero allí refugiados. Cuando Abu Bakr expresó su
temor a Mohamed, el Profeta dijo: «¿Piensas que estamos
solos? Hay un tercero con nosotros», refiriéndose a Dios.
Se salvaron al observar los presuntos asesinos una tela de
araña que cubría la boca de la cueva, con lo que llegaron
a la conclusión de que los refugiados no podían haberse
puesto a resguardo en ella. Lo Par («Dos») se refiere al
Profeta y a su compañero; lo Impar se refiere a Dios.

Puede interpretarse también que «lo Par y lo Impar»
se refiere a la Humanidad (o a todas las criaturas) y a
Dios, en cuanto que la Humanidad se origina en pares
(lo Par) y Dios es único («lo Impar»).

25 «Nadie podrá infligir el castigo de Dios»: Dios es el
poder definitivo, y el castigo final de Dios es una experiencia de un orden que está más allá de todo lo que la
mente humana pueda concebir.

26 «Y nadie podrá atar con las ataduras de Dios»: Igualmente, la proximidad a Dios y la relación íntima entre
Dios y las almas aceptadas son experiencias que están
más allá de cualquier cosa en el mundo de la sensación o
del sentimiento ordinarios.

27 «¡Oh alma en satisfecha paz» (*ya ayyuha n nafsu l
mutma'innatu*): El alma en satisfecha paz, *al nafs al
mutma'inna* es la cuarta de las siete etapas de desarrollo
de la conciencia, según el sistema sufí. Los adjetivos de
la aleya 28 «complacida y aceptada» (*radiya wa mardiy-
ya*) representa la quinta de las seis etapas. La séptima
etapa del sistema sufí es la de la purificación y plenitud,
representada aquí evidentemente por la admisión a la
compañía de los siervos de Dios y la entrada en el Jardín.

## La ciudad (al Balad) (Capítulo 90)

Este capítulo fue revelado en La Meca, que es la misma ciudad a la que se refiere, la ciudad de nacimiento de Mohamed, al que se le habla como habitante libre de la ciudad. Simbólicamente, esto puede referirse a la Protección (*Salama*) como el derecho de nacimiento de toda alma, alcanzada por el sometimiento a la voluntad de Dios (*Islam*), que es la realización de la verdadera naturaleza del alma.

4 «Hemos creado a los humanos en la dificultad»: La palabra *kabad* («problema, desgracia»), que hemos traducido como dificultad procede de la raíz K-B-D. La primera acepción de la raíz significa afligir profundamente, agotar; la segunda acepción de la raíz quiere decir infligir; la tercera acepción quiere decir sobrellevar, sufrir, soportar; la quinta acepción quiere decir, atravesar, estar expuesto, tener que tomar algo sobre sí, cargar con un coste, tomar el centro o desembarcar en medio de una situación, o estar en el cenit. Todas estas asociaciones juntas, derivadas de la raíz, describen una vívida imagen de la condición humana.

18-19 Los que están a la Diestra (de Dios) son las personas que se salvan; los que están a la Siniestra son las que se condenan.

## La noche (al Layl) (Capítulo 92)

Revelado en La Meca

21 «Que ciertamente quedará complacido»: Esto puede ser interpretado, como lo es en este caso, como referencia a la complacencia de Dios en los actos que se acaban de describir [a lo largo de esta sura]. También podría leerse como «y (ellos) ciertamente quedarán complacidos», en referencia a la recompensa de los que actúan de ese modo.

## La mañana (al Duha) (Capítulo 93)

Revelado en La Meca

## La expansión (al Inshirah) (Capítulo 94)

7 «Así pues, cuando hayas acabado, manténte diligente»:
No te permitas nunca volverte autoindulgente y quedar
autosatisfecho, aunque hayas cumplido una tarea con
éxito.

8 «Y permanece atento a tu Señor»: Recuerda siempre la
fuente de todo éxito. La última frase, *wa 'ila rabbika fa
rghab*, puede ser leída «y dirige tus súplicas a tu Señor»,
o «y pide (únicamente) de tu Señor», sugiriendo que
uno no debe confiar en el éxito del mundo o en su
apoyo, ni siquiera para tener más éxito o apoyo.

## ¡Recita! ('Iqra') (Capítulo 96)

Revelado en La Meca. Las cinco primeras aleyas de
este capítulo constituyen la revelación inicial de Mohamed. «¡Recita!» también significa Lee * o Proclama. Este
capítulo también es denominado *al !Alaq*, «El Coágulo».

4 «Que enseñó por medio de la pluma»: Esto se refiere evidentemente a la Palabra, el Libro, especialmente el
Corán, como instrumento de revelación. También se
refiere a lo que «escribió» todos los «signos» de Dios en
el universo.

---

* Según Cansinos, la raíz *kra* en todas las lenguas semíticas
tiene el sentido de recitar (verbo *kará*); la segunda acepción de
«leer» marca la transición de la tradición oral a la tradición escrita.
El Corán, esencialmente, no fue dictado para ser leído, sino para ser
«cantado» o recitado como salmodia. *(N. del T.)*

6-7 «La Humanidad va demasiado lejos considerando que puede bastarse a sí misma»: Por comparación, las ideas modernas del mundo y del universo como sistemas mecánicos que la Humanidad puede alterar con impunidad y, en definitiva, dominar, reflejan la verdad de esta descripción coránica de la condición egótica humana.

19 «Prostérnate y acércate a Dios»: Éste es otro versículo de postración, en el que el lector [recitador] se inclina ante Dios.

## La noche de poder (al Qadr) (Capítulo 97)

Revelado en La Meca. Me parece que en La Noche de Poder, como el momento de las comunicaciones celestiales, la oscuridad y silencio de la «noche» simbolizan el cese de la conceptualización humana; el «poder» es el conocimiento divino revelado a la mente, que se ha hecho así receptiva a la experiencia más sutil.

La raíz de la palabra «poder» en árabe es Q-D-R, que tiene muchos significados derivados. El verbo de la primera acepción de esta raíz significa poseer fuerza, poder o capacidad, dominar. El verbo en la segunda acepción significa nombrar, determinar, decretar, ordenar, valorar, apreciar, capacitar. El verbo en la cuarta acepción significa capacitar. El verbo en la quinta acepción significa ser nombrado, ordenado, destinado, decretado. El verbo en la décima acepción significa pedir a Dios fuerza o poder. Naturalmente, existen también muchos sustantivos derivados.

## El terremoto (al Zilzaal) (Capítulo 99)

Revelado en Medina. Este breve capítulo es una visión del Último Día.

6 «Ese día los humanos comparecerán divididos para que se les muestren sus obras»: La palabra «divididos» traduce

la palabra *'ashtatan*, que proviene de *shatta*, «esparcidos, separados, múltiples, diversos». Esto significa que las gentes serán divididas conforme a los estados espirituales concretos que cultivaron mediante sus obras en su vida terrenal. La separación de la Humanidad entre los que se encuentran a la Diestra y los que se encuentran a la Siniestra, los Compañeros del Jardín y los compañeros del Fuego, los virtuosos y los depravados, es un ejemplo de este «comparecerán divididos».

## Las yeguas al galope (al !Adiyat) (Capítulo 100)

Revelado en La Meca. Las yeguas al galope parecen simbolizar el valor y la dedicación a la causa de la verdad incluso frente a una oposición masiva.

## La calamidad (al Qari!a) (Capítulo 101)

Revelado en La Meca. Este capítulo presenta otra visión del Último Día y del Juicio Final.

## El afán creciente (al Takatur) (Capítulo 102)

Revelado en La Meca.

4 «Ciertamente, por el contrario, sabréis»: Quienes se dedican por completo a las cosas de este mundo no se preparan para la transición de la muerte; no se dan cuenta de la irrealidad esencial de estas cosas. En el momento de su muerte, sin embargo, a la inversa de lo que les sucede ahora, conocerán realmente que sus esfuerzos mundanos les distraía la atención de un asunto mucho más acuciante.

5-7 «Mas si supierais con ciencia cierta, sin duda veríais el fuego del infierno»: Con ciencia cierta no es teoría, sino experiencia. Los que saben con certeza el precio real de una vida de «afán creciente» ven el fuego del infierno ardiendo en ella incluso ahora.

## La época (al !Asr) (Capítulo 103)

Revelado en La Meca. El título *al !Asr* significa el Tiempo, la Época, y también La Urgencia, La Congoja, así como La Tarde. Todas estas asociaciones juntas crean un título apto para este corto capítulo, que proyecta una poderosa visión de la situación humana.

## El difamador (al Humaza) (Capítulo 104)

Revelado en La Meca. El materialismo es considerado generalmente como una forma de *shirk* o idolatría en el islam. Los materialistas que acumulan su riqueza atacando de manera habitual a los demás se cuentan entre lo más bajo. Ello puede hacerse en muchas profesiones.

## Los elefantes (al Fil) (Capítulo 105)

Revelado en La Meca. Al igual en que las tradiciones confuciana, taoísta, chan y budista, el Corán utiliza muchos acontecimientos históricos y mitológicos como metáforas. En términos históricos, «Los de(l) los elefante(s)» hace referencia a una expedición contra La Meca conducida por el gobernador colonial abisinio del Yemen en los últimos años del siglo XI, aproximadamente en la época del nacimiento de Mohamed. Abisinia en África oriental y el Yemen en el Sur de Arabia eran prósperos en aquellos días, y aquella expedición se consigna como una poderosa fuerza. Los guardianes del templo de La Meca no establecieron una defensa, por juzgar a los invasores demasiado poderosos; pero algo natural o sobrenatural ocurrió evidentemente para hacer volverse a los agresores. Esta historia estaba sin duda muy fresca en tiempos de Mohamed, y debió ser para los árabes de La Meca algo parecido a la historia para los japoneses del siglo XIII del Viento Divino que arrojó a las hordas invasoras de mongoles.

Metafóricamente, esta historia representa el destino de aniquilación que aguarda a aquellos cuya idolatría consiste en la codicia de riqueza material y de poder temporal, que en cualquiera no son sino impermanentes.

## Los coreichitas (Capítulo 106)

Revelado en La Meca. Los coreichitas, a los que el mismo Mohamed pertenecía, constituían la tribu más poderosa entre los árabes del norte de Arabia. Como bien se sabe, los coreichitas eran los custodios de la Kaba, el templo sagrado de La Meca, al que se alude aquí como «esta casa». Esta aleya es una advertencia contra la idolatría y el materialismo en el sentido de que recuerda ser agradecidos al origen de toda bendición, en lugar de tomarla como un derecho de herencia.

## Lo necesario (al Malun) (Capítulo 107)

Revelado en La Meca

5 «Los que oran sin prestar atención a sus plegarias»: Los que oran externamente (u observan otras prácticas religiosas) pero no actúan con espíritu religioso. Una y otra vez, en el Corán se anima a los creyentes a cuidar de los desposeídos e indigentes.

## La ayuda (al Nasr) (Capítulo 110)

Revelado en Medina. Cuando se lee este pasaje en el contexto histórico de la lucha del primitivo islam por su

propia existencia y su triunfo definitivo, es particularmente notable como modelo del espíritu de perdón libre
de rencor y de deseos de venganza. La palabra *nasr*
(ayuda) significa también victoria, que en este contexto
se atribuye naturalmente a la ayuda de Dios.

## La llama (al Lahab) (Capítulo 111)

Revelado en La Meca. Históricamente, este capítulo
se refiere a un tío de Mohamed apodado Abu Lahab «el
inflamado», a causa de su vivo genio. Él y su mujer se
contaron entre los más encarnizados oponentes del
islam. Metafóricamente esta aleya se refiere a los vicios
de la cólera y la agresión representados por Abu Lahab y
su mujer.

2 «Su hacienda no le enriquece ni le vale de nada»: El principio antiidólatra y antimaterialista del islam expresado
en el Corán no es un rechazo o negación de las cosas del
mundo, sino, por el contrario, una adecuada subordina-
ción de las cosas del mundo a Dios como la Realidad
esencial (*al Haqq*). Esto quiere decir que las riquezas del
mundo no son buenas o malas en sí mismas, sino que el
resultado depende de su utilización.

## La verdad pura (al Ikhlas) (112)

Revelado en La Meca. Ésta es una de las más famosas
revelaciones del Corán, y se considera como una afirmación clásica de la unidad absoluta de Dios.

2 «El Sempiterno» (*as Samad*): Este atributo de Dios
puede traducirse también como El Perpetuo. Derivadas
de la raíz S-M-D proceden palabras que poseen el significado de dirigirse, levantarse o resistirse, infinitamente,
contra cualquier falsedad que la mente humana o diabó-
lica pueda concebir.

## El alba (al Falaq) (Capítulo 113)

Revelado en La Meca

2 «Del mal de lo que esto creó»: Es decir, de lo que «el alba» (el acto de creación) creó. Me refugio en Dios del mal de las cosas creadas.

## La Humanidad (al Nas) (Capítulo 114)

Revelado en La Meca

4 «Sugestión insidiosa» (*al waswas al khannas*): «El Susurrador que se Oculta» es una personificación del diablo; la última línea muestra que esto no se entiende como un ser individual en sí mismo, sino como una especie de influencia que puede actuar a través de los seres humanos o a través de genios o de espíritus.

# Bibliografía escogida

Abdullah Yusuf Ali: *The Holy Qur'an: Text, Translation, Commentary*, Washington, D.C.: The Islamic Center, 1978.

Burckhardt, T., y Culme-seymour, A., trad.: *The Wisdom of the Prophets* (de Ibn al- Arabi's Fusus al Hikam), Gloucestershire, Beshara Publications, 1975.

Cleary, T., trad.: *The Flower Ornament Scripture: A Translation of the Avatamsaka-sutra*, Boston, Shambhala, 1984-1987.

Dawood, N. J.: *The Koran, with Parallel Arabic Text*, Londres, Penguin Books, 1990.

Jalaluddin al-Mahalli y Jalaluddin al-Suyuti: *Tafsiir al Jalaalayn*, Beirut, Dar al Marefah, 1971.

Muhammad Abul Quaseem: *The Recitation and Interpretation of the Qur'an: Al-Ghazali's Theory*, Londres, Kegan Paul Inernational, 1984.

—, *The Jewels of the Qur'an: Al-Ghazali's Theory*, Londres, Kegan Paul International, 1983.

Muhammad Ali: *The Holy Qur'an*, Lahore, Ahmadiyyah Anjuman, 1951.

Muhammad Muhsin Khan, trad.: *The Translation of the Meanings of Sahih Al-Bukhari. Arabic-English*, Dar al Arabia, 1970.

Penrice, J.: *A Dictionary and Glossary of the Kor-an*, Londres, Curzon Press, 1979.

Pickthall, M. M.: *The Meaning of the Glorious Koran*, Nueva York, New American Library, 1963.

Seyyed Hossein Nasr: *Ideals and Realities of Islam*, Londres, Allen & Unwin, 1988

—, ed. *Islamic Spirituality Foundations*, Nueva York, Crossroad, 1991.

Stade, R., trad.: *Ninety-Nine Names of Good* (de *Al Maqsaad Al'Asma'* de Al-Ghazali), Ibadan, Dystar Pres, 1970.

323 La Campiña Chorillo
11El Hawaiillano